내가 만든 게임이 레전드가 된다면

내가 만든 게임이 레전드가 된다면

19 지식+진로

이동은 지음

콘텐츠부터 플랫폼까지 게임 개발의 모든 것

다른

공학

융합

사회과학

인문·예술

게임

컴퓨터
공학

소프트웨어
공학

정보통신

인공지능

게임학

게임
소프트웨어

게임
그래픽
디자인

e스포츠
산업

신문방송

정보미디어

사회학

문화콘텐츠

스토리텔링

시각디자인

음악

기획

게임
디자이너

레벨
디자이너

프로그래밍

게임
프로그래머

게임
그래픽
아티스트

아트

모델러

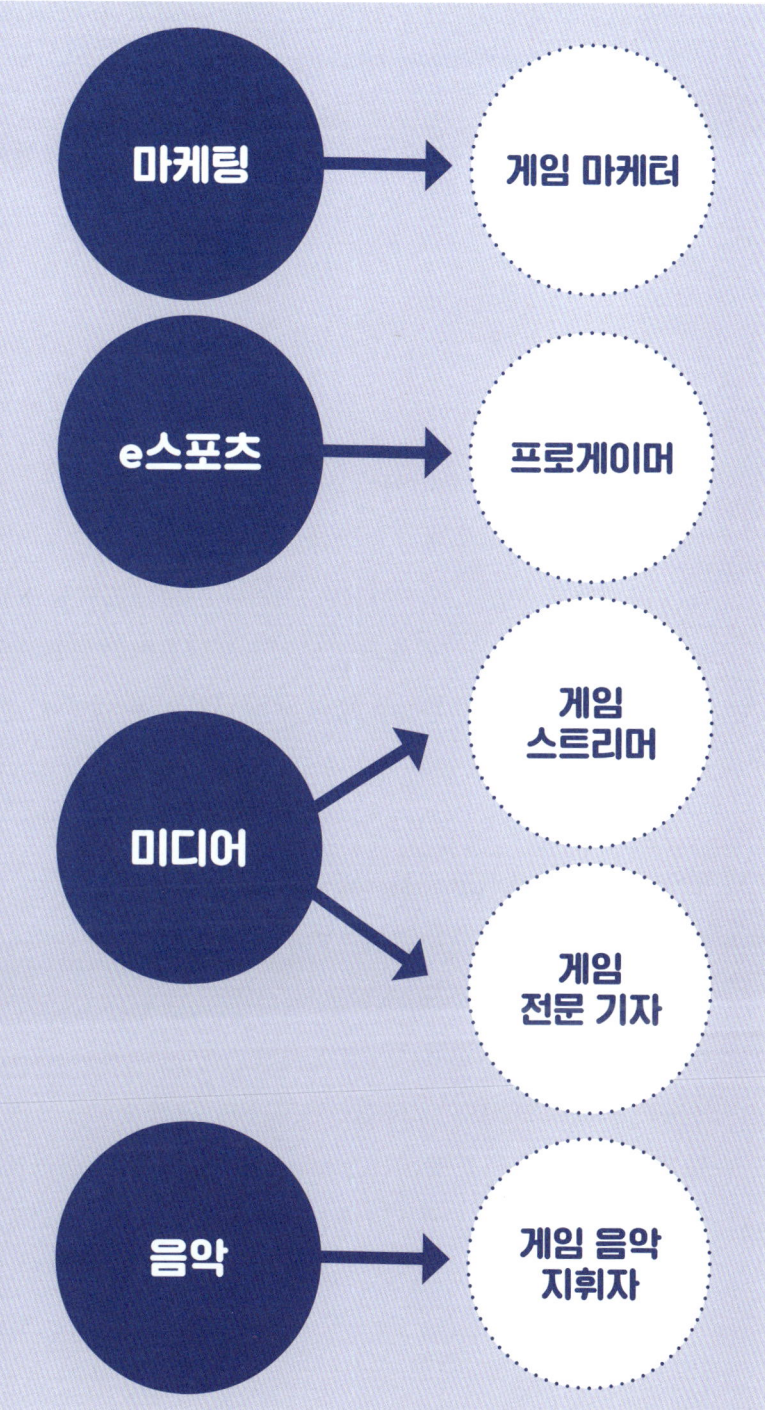

들어가며

| 미래를 바꾸는 게임의 힘

'어그로를 끌다', '하드캐리하다', '순삭', '크리'….

이 말들은 모두 게임에서 나왔다. 정확하게 말하자면, 게임을 하는 사람들이 처음 쓰기 시작했다. 그러나 이제는 게임을 잘 모르는 사람들조차 일상생활에서 흔히 사용하는 표현이 되었다. 이는 게임이 단순한 취미 활동을 넘어 우리 삶의 모든 영역에 깊숙이 파고들었음을 보여 주는 명확한 증거이다.

게임이 단순히 시간을 보내는 오락거리로 치부되던 시절이 있었다. 하지만 이제 게임은 하나의 문화로 자리 잡았다. 오늘날 게임을 직업으로 삼은 사람은 생각보다 많다. 게임 개발자, 프로게이머 말고도 게임 연구자, 게임 음악 작곡가, 게임 평론가, 게임 정책가 등 게임과 관련된 직업들은 점점 늘어나고 있다. 게임을 배우는 고등학교와 대학교도 많아지고 있다. 내가 좋아하는 게임을 직업으로 삼아 평생 즐기는 방법, 궁금하지 않은가? '아침부터 저녁까지 종일 게임만 했으면 좋겠다'라는 생각을 한 번이라도

해 봤다면 지금부터 나누는 이야기가 매우 흥미로울 것이다.

혹여 게임을 좋아하지 않더라도 이 책을 읽으면 게임이라는 새로운 세계를 조금이나마 알아 갈 수 있을 것이다. 이 책은 게임이란 무엇이며, 사람들이 게임을 좋아하는 이유와 게임이 문화 콘텐츠의 핵심이 된 배경에 숨겨진 비밀을 이야기한다. 이 비밀을 통해 게임을 부정적으로 생각하던 사람도 오늘날 게임이 우리 삶에 얼마나 많은 영향을 미치는지, 미래 사회에 얼마나 중요한 역할을 할지 깨달을 수 있다.

게임 리터러시는 게임을 건강하게 즐기기 위해 꼭 필요한 공부이다. 게임을 이해하게 되면 게임의 본질을 아는 것은 물론이고, 과몰입이나 중독 같은 부정적인 측면들까지 방지할 수 있다. 이뿐만 아니라 게임을 하는 시간과 방식을 스스로 통제할 수 있게 되어 절제된 놀이 문화를 누릴 수 있다. 그동안 게임을 향한 부정적 인식은 주로 게임의 단면만을 보거나 게임을 올바르게 이해하지 못한 데서 비롯되었다.

우리는 게임의 다양한 측면을 두루 살펴볼 필요가 있다. 게임은 단순히 시간을 소비하는 오락거리가 아니다. 사람들을 연결하고 창의성을 일깨우며, 때로는 교육과 치유의 도구로 활용되기도 한다. 무엇보다 게임은 실패를 통해 새로운 것을 배우는 미디어이다. 그렇기에 플레이어들은 '게임 플레이의 실패'가 좌절이 아닌 '새로운 도전'을 의미함을 자연스럽게 알게 된다. 또한 게임을 하다 보면 어려운 문제를 해결하거나 새로운 언어를 배우고, 팀워크와 리더십을 배울 기회를 얻게 된다. 이런 게임을 우리 삶에 긍정적으로 활용하는 방법을 고민해 보는 시간이 필요하다.

이 책에서는 게임의 본질과 그 속에 숨겨진 무궁무진한 가능성을 알아본다. 게임이 어떻게 만들어지고, 어떤 과정을 거쳐 우리에게 전달되는지, 그리고 그 과정에서 어떤 직업들이 활약하는지 다양한 사례를 통해 살펴보고자 했다. 또한 게임을 통해 잠재력을 발견하고, 이를 바탕으로 진로를 설계하여 직업을 선택하는 방법을 함께 담았다.

게임 산업은 계속 성장하고 있고 새로운 직업을 계속 만들어 낼 것이다. 이와 더불어 그 영향력은 점점 커질 것이 분명하다. 게임은 놀이나 취미를 넘어, 무언가를 창조하고 공유하며 새로운 세상을 탐험하게 한다는 점에서 특별한 미디어이다. 게임은 디자인과 기술, 예술과 문화, 그리고 사회와 매우 밀접하게 연결되어 있다. 그렇기에 이제 게임 없이 살아가는 미래를 상상하기 어렵다. 게임을 좋아한다면 이 책을 통해 직업으로 삼을 기회를 잡게 되기를 간절한 마음으로 기대해 본다.

게임이 우리의 미래를 바꿀 수 있을까?

당연히 바꿀 수 있다!

차례

2장 게임을 만드는 재료들

3장 게임과 첨단 기술의 만남

현실을 넘어선 메타버스의 등장　103
메타버스, 제4의 벽을 깨뜨리다 | 아이언맨 슈트로 보는 공간 컴퓨팅 |
현실 세계의 쌍둥이, 디지털 트윈 | 메타버스를 향한 염원

AR과 VR 그리고 게임　116
매직 서클을 파괴하는 AR | 456억 원의 주인공이 되는 VR 게임 |
몰입의 함정을 벗어나라

게임 속 인공지능의 진화　126
NPC의 변신은 무죄! | 대화에 숨을 불어넣는 생성형 인공지능 | 인공지능이
사는 마을에서는 무슨 일이 일어날까?

4장 게임의 힘, 세상을 바꾸다

1장

컴퓨터 게임의 탄생과 발전

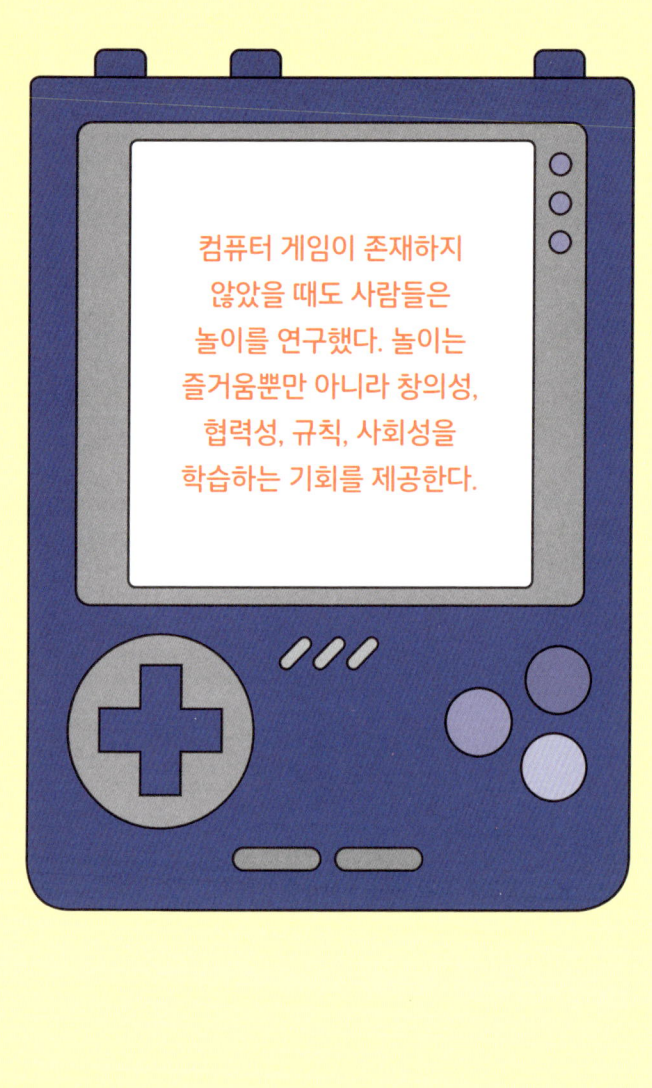

컴퓨터 게임이 존재하지
않았을 때도 사람들은
놀이를 연구했다. 놀이는
즐거움뿐만 아니라 창의성,
협력성, 규칙, 사회성을
학습하는 기회를 제공한다.

해커가 쏘아 올린 작은 공

우리 생활의 일부가 되어 버린 게임은 어떻게 탄생하게 되었을까? 컴퓨터 게임이 어떻게 만들어졌는지 알아보려면 세계적인 컴퓨터공학자들의 연구 집단이라고 할 수 있는 매사추세츠 공과대학MIT의 작은 연구실을 방문하는 데서 시작하는 게 좋다. 수학과 물리학밖에 모르던 컴퓨터공학의 천재들이 게임을 개발하게 된 사연은 무엇일까? 컴퓨터 게임이 탄생하게 된 배경을 살펴보면서 게임을 이해해 보자.

컴퓨터 스크린에 등장한 작은 우주

타임머신을 타고 1962년으로 돌아가 도착한 곳은 세계적인 천재들이 모여 있다는 MIT의 한 연구실이다. 스티브 러셀Steve Russell이라는 이름의 남자가 컴퓨터 앞에 앉아 있다. 컴퓨터에 푹 빠져 있는 모습이다. 뭘 하는 걸까? 그는 미동도 없이 키보드를 두드리며 프로그램을 짜고 있다. 꽤 오랜 시간을 그렇게 작업하다가 시계를 보니, 벌써 아침 7시다.

1교시 수업에 늦지 않으려면 당장 일어나야 했다. 러셀은 미처 프로그램도 저장하지 못한 채 서둘러 자리에서 일어났다. 마침 연구실에 들어오는 동료에게 컴퓨터에 있는 파일을 저장해 달라고 부탁했다. 러셀의 파일을 저장하기 위해서 컴퓨터 앞에 앉은 동료는 문득 궁금해졌다. '러셀은 도대체 무슨 작업을 하고 있었던 걸까?' 그는 파일을 실행시킨다.

작은 컴퓨터 스크린에 우주가 나타났다. 까만 우주에 초록색 우주선이 떠다닌다. 그러더니 반대편에서 또 한 대의 우주선이 나타난다. 두 대의 우주선은 각기 우주를 유영하는 모습을 보이더니 곧 서로 부딪히면서 폭발한다. 프로그램이 종료된다. 흥미를 느낀 그는 다시 파일을 실행시켰다. 두 대의 우주선이 다시 나타났다. 이번에는 서로 부딪히지 않게 하기 위해 요리조리 움직여 봤다. 한참을 잘 피하는 것 같더니 결국 두 우주선은 금세 다시 부딪히면서 '펑!' 폭발했다.

'부딪히기 전에 상대 우주선을 격추할 수는 없을까?' 그는 러셀이 짠 프로그램 소스에 새로운 코드를 추가했다. 시간이 어떻게 흘러가는지도 모르는 채로 그는 작업에 집중했다.

오전 수업을 마치고 다시 연구실로 돌아온 러셀은 컴퓨터 모니터에 붙어 있는 쪽지를 하나 발견했다.

"키보드에서 X를 눌러 봐. 마음에 들지 않으면 지워 버려. 그렇지만 분명 마음에 들 거야."

동료의 메시지대로 러셀은 프로그램을 실행시키고 키보드에서 X를 눌렀다. 그랬더니 우주선에서 작은 미사일이 발사되었다. 흥미를 느낀 러셀은 미사일로 상대 우주선을 격추했다. 미처 생

> **집단지성**
>
> 다수의 개인이 서로 협력하고 경쟁하면서 만들어 낸 지적 능력의 결과를 말한다. '어디에나 분포하고, 지속적으로 가치가 부여되고, 실시간으로 조정되며 역량의 실제적 동원에 이르는 것'이라고도 한다.

각하지 못한 동작이었는데, 이 부분이 추가되자 뭔가 더 흥미진진한 프로그램이 된 것 같았다. 흐뭇한 마음에 러셀은 아예 이 프로그램을 다른 동료들에게도 공개하여 함께 개발하기로 했다. 협력을 통한 집단지성Collective Intelligence이 발휘되는 순간이었다.

집단지성으로 만든 게임

집단지성의 원리에 따르면, 지금 당장은 쓸모가 없어 보이는 지식도 다른 환경, 다른 상황에서는 매우 쓸모 있는 지식이 될 수

있다. 세상 모든 지식과 정보, 그리고 지성은 가치가 있다.

프랑스의 사회학자인 피에르 레비Pierre Levy에 따르면 사이버 공간이야말로 집단지성이 가장 잘 발휘될 수 있는 환경이다. 사이버 공간에서는 시간과 공간의 한계가 없어 세대 차이나 빈부 격차를 뛰어넘어 진정한 공유와 협력, 통합이 일어날 수 있기 때문이다.

러셀의 동료들이 서로 아이디어를 공유하면서 게임을 발전시킨 과정은 이런 집단지성이 제대로 발현된 순간이라고 할 수 있다. 어떤 동료는 우주선을 향해 날아오는 행성을 구현했는데, 이 행성은 우주선을 위협하는 일종의 장애물이 된다. 또 다른 이는 미사일의 종류를 다양하게 만들었다. 우주선에서 쏠 수 있는 미사일 개수에 제한을 두어 전투 난도를 높인 동료도 있다.

이후 이 프로그램은 단순히 우주선 두 대의 움직임을 모니터에 구현했을 때와는 차원이 다른 모습으로 발전했다. 말 그대로 점점 컴퓨터 게임 같아진 것이다. 이 모든 과정은 어떻게 하면 더 재미있는 프로그램을 만들 수 있는가 하는 고민에서 비롯되었다. 러셀과 동료들이 함께 개발한 이 프로그램의 이름은 바로 〈스페이스 워Space War〉다.

〈스페이스 워〉처럼 컴퓨터 게임은 여러 사람이 협력하여 만들어진다. 물론 인디 게임의 경우에는 개발자 혼자 게임을 만들기도 한다. 하지만 대부분의 게임은 게임 디자이너기획자와 게임 프

미국의 컴퓨터역사박물관에서 복원한 〈스페이스 워〉.

로그래머, 그리고 게임 그래픽 아티스트가 협력하여 만든다. 게임을 만든 이후에는 게임을 유통하기 위해 전략을 짜고, 홍보와 마케팅을 하는 전문 인력들과 협업한다. 게임 개발에는 이처럼 다양하고 많은 사람들이 참여한다.

사실 이런 협력 문화는 컴퓨터를 연구하는 과학자들에게는 매우 익숙한 것이다. 지금도 그렇지만 컴퓨터는 늘 기술적인 측면에서 최첨단을 추구하고, 그렇기에 해결해야 할 과제들이 늘 쌓여 있다.

특히 초창기 컴퓨터는 실험 단계였기 때문에 풀어야 할 문제들이 더 많았다. 개인이 홀로 이 문제들을 해결하기는 어려운 일이었다. 그래서 여러 명의 프로그래머가 함께 협력하여 문제를 해결하는 집단지성의 문화가 나타날 수밖에 없었다. 그들은 모두 같은 목표를 향해 답을 찾아가는 과정을 수도 없이 반복하는 집단이었다.

그들처럼 집단지성을 이용하여 자발적 개선을 지향하는 사람들을 '해커hacker'라고 불렀다. 해커야말로 오늘날 컴퓨터의 발전, 그리고 게임 탄생의 시초라고 할 수 있다.

블랙 해커와 화이트 해커

만약 해커들이 없었다면 지금 우리가 즐기는 다양한 컴퓨터 게임은 탄생하지 못했을 것이다. 해커가 게임 산업을 이끈 중추였다고 하니 좀 의아할 수도 있다. 평소 생각하던 해커의 이미지와는 너무나도 다르기 때문일 것이다.

일반적으로 해커라고 하면 사이버 범죄자를 떠올리곤 한다. 뉴스에 비치는 해커는 인터넷망을 통해 바이러스를 퍼뜨리고 컴퓨터 시스템을 감염시켜 데이터를 망가뜨리는 사람이다. 영화 속 해커들은 정부 서버를 해킹하여 기밀 정보를 빼돌리거나 은행을 공격해 자신의 계좌를 채운다.

종종 해커들의 활동이 사이버 전쟁으로도 이어져 국제 분쟁의 원인이 되기도 한다. 그들은 우리 삶에 직접적인 피해를 입히면서 우리를 불안하게 만드는 나쁜 존재들이다. 이런 나쁜 해커들을 블랙 해커black hacker라고 부른다.

하지만 나쁜 해커들만 있는 것은 아니다. 화이트 해커white hacker라 부르는 좋은 해커들도 있다. 컴퓨터 보안 전문가 중 하나인 그들은 블랙 해커들의 공격을 막고, 시스템의 보안을 강화하는 일을 한다. 컴퓨터의 발달과 정보 보안에 꼭 필요한 존재라고 할 수 있다. 특히 초창기 해커들은 모두 화이트 해커였다고 해도 과언이 아니다.

컴퓨터가 막 발명되어 대학에 보급되기 시작한 1960년대를 생각해 보자. 오늘날 아무리 성능이 좋은 컴퓨터라 해도 사용하다 보면 종종 오류를 일으킬 때가 있다. 하물며 초창기 컴퓨터는 어떠했겠는가. 컴퓨터 시스템은 불완전했고, 취약점은 매일 발견

되었다. 그렇기 때문에 컴퓨터 시스템의 문제를 다양한 방법으로 해결하고 기능을 개선해 줄 전문가들이 필요했다.

그렇다면 이 일을 할 수 있는 사람은 누구일까? 컴퓨터를 만든 그들 자신이었을 것이다. 컴퓨터를 설계하고 개발한 공학자들만이 컴퓨터의 오류를 고치고 성능을 개선할 수 있었다. 그래서 컴퓨터의 문제를 해결해 주는 사람들, 즉 실력 있는 프로그래머들을 '해커'라고 불렀다. 1960년대 말과 1970년대 초, MIT에서 컴퓨터공학을 전공한 학생들은 컴퓨터공학자이면서 동시에 초창기 해커였던 셈이다.

계산기에서 게임기가 된 컴퓨터

러셀은 왜 컴퓨터로 게임을 만들려고 했을까? 사실 컴퓨터는 아주 복잡한 계산을 하기 위해 고안된 기계이다. 전쟁 중에 빠른 속도로 정확한 계산을 하기 위해 만들어진 컴퓨터는 어쩌다가 게임기로 발전하게 되었을까? 슈퍼 계산기에서 게임기가 되기까지 컴퓨터는 어떤 과정과 발전의 단계를 거쳤는지 그 역사를 살펴보자.

최초의 컴퓨터 게임 〈2인용 테니스〉

러셀보다 4년 먼저 컴퓨터로 게임을 만들려 한 사람이 있었다. 브룩헤이븐 연구소의 윌리엄 히긴보섬^{William Higinbotham}이다. 그는 1958년 〈2인용 테니스^{Tennis for Two}〉를 만들었다. 사실 러셀이나 히긴보섬이 모두 처음부터 게임을 만들겠다고 생각한 것은 아니다. 그들은 컴퓨터를 활용해서 뭔가 새롭고 재미있는 일을 해 보고 싶었을 뿐이다. 그 결과 러셀은 〈스페이스 워〉를, 히긴보섬은 〈2인용 테니스〉를 만들었다.

〈스페이스 워〉가 우주 전쟁을 소재로 삼았던 것처럼, 〈2인용 테니스〉는 실제 테니스 경기를 본떠서 만들었다. 배경은 테니스 코트를 떠올리게 했고, 플레이 방식도 실제 경기와 비슷했다.

컴퓨터 화면에는 테니스 코트와 네트를 연상시키는 긴 가로선과 수직의 짧은 선이 있다. 네트를 중심으로 포물선을 그리며 좌우로 움직이는 초록색 점이 하나 있는데 이 점이 테니스공이다. 플레이어는 다이얼과 버튼으로 이루어진 외부 조작 기기를 이용해서 공을 네트 너머로 넘겨야 한다. 마치 테니스 선수가 라켓으로 공을 쳐서 네트 위로 넘기는 것처럼 말이다. 공이 네트에 걸리면 각도가 불규칙하게 변하는 기능도 있어서 모니터를 통해 테니스 경기를 하는 것처럼 느껴진다.

게임 개발자가 아니었던 히긴보섬은 도대체 이 게임을 왜 만들었을까? 앞서 언급한 것처럼 그는 '컴퓨터를 통해서 뭔가 새로운 것을 할 수 있지 않을까?' 생각했고, 연구소를 방문하는 사람들에게 뭔가 재미있는 경험을 제공하고 싶다는 고민 끝에 〈2인용 테니스〉를 만들게 되었다고 한다.

하지만 안타깝게도 그는 이 게임이 얼마나 대단한 놀이 문화

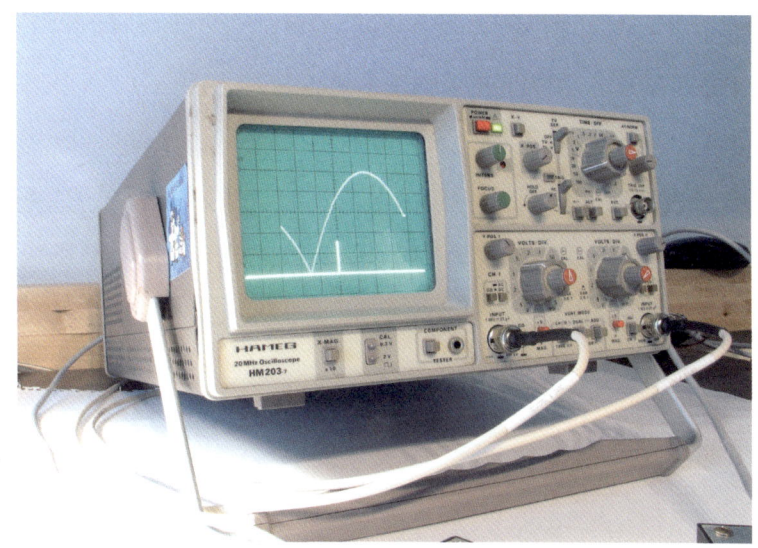

〈2인용 테니스〉는 세계 최초의 컴퓨터 게임으로 여겨진다. 사진은 1958년 게임을 오늘날 기기로 구현한 것이다.

의 원형이 될지는 예상하지 못했다. 그래서 〈2인용 테니스〉에는 게임이 갖춰야 할 기본적인 요소들이 없었다. 예를 들어 점수 체계나 경쟁이라는 요소가 없었다. 이기고 지는 시스템이 아니었기에 당연히 보상도 마련되어 있지 않았다. 그는 단순히 연구소를 방문하는 손님들에게 보여 주는 용도로만 〈2인용 테니스〉를 활용했고, 일반인에게는 1년에 한두 번 공개하는 게 전부였다.

컴퓨터가 원래 계산기였다고?

히긴보섬이 〈2인용 테니스〉를 개발하고도 게임으로 발전시킬 생각을 하지 못한 까닭은 컴퓨터의 가능성을 제대로 파악하지 못했기 때문이다. 사실 당시까지도 컴퓨터는 아주 복잡한 계산을 빠른 시간에 정확하게 해내는 슈퍼 계산기에 불과했다. 오늘날처럼 컴퓨터로 글도 쓰고 그림도 그리고 영화도 보는 기능은 꿈도 꾸지 못한 시대였다.

세계 최초의 컴퓨터는 에니악ENIAC이다. 에니악은 1943년에 만들어지기 시작해서 제2차 세계대전이 끝난 이듬해인 1946년에 완성되었다. 제2차 세계대전이 한창이던 1943년에 에니악이 만들어지기 시작했다는 사실에서 알 수 있듯이 에니악은 군사 목적으로 개발되었다. 전함이나 탱크 등에서 발사하는 대포의 정확한 탄도를 계산하기 위해서였다.

전쟁을 승리로 이끌기 위해서 가장 중요한 일 중 하나는 바로 적군의 위치를 정확하게 파악하는 것이다. 적의 위치를 알고 정확히 공격한다면 승리를 담보할 수 있다. 그런데 이 일이 말처럼 쉽지 않다. 적군은 늘 움직이고 그 움직임은 대부분 예측하기 어렵기 때문이다.

가까스로 암호를 풀어 적들의 움직임을 알아냈다 하더라도 탄두의 무게, 목표물과의 거리, 바람의 속도와 방향, 공기의 밀도와 저항, 중력가속도, 발사 각도 등 모든 조건을 계산해서 포탄으로 적을 맞추는 일은 무척 어려운 일이다.

더군다나 이 복잡한 계산을 빠르고 정확하게 해야 한다. 계산 하나만 잘못해도 전쟁에서 큰 낭패를 볼 수 있다. 자칫하다가는 적을 해치우기는커녕 아군의 전략과 위치만 들킬 수 있다. 그래서 사람들은 전쟁이 치열해질수록 이 복잡한 계산을 빠르고 정확하게 해낼 방법을 찾아야 했고, 인간 대신 계산을 해 줄 기계를 개발하게 되었다. 그 결과로 만들어진 것이 바로 에니악이다. 에니악의 계산 속도는 어마어마하게 빨랐다고 한다. 사람이라면 40시간이 걸릴 계산을 에니악은 20초 만에 끝냈다. 하지만 에니악에는 치명적인 단점이 있었다. 거대한 크기와 전력 소비가 발목을 잡은 것이다.

에니악의 크기가 워낙 커서 생긴 에피소드도 있다. 에니악에는 많은 전선이 꽂혀 있었는데, 밤이면 불빛을 따라 나방들이 들어 와서 전선을 갉아 먹는 일이 종종 발생했다. 그래서 합선이 되는 에니악을 작동시키기 위해서는 스위치를 6,000개나 켜야 했는데, 그 스위치를 모두 켜는 데만 40시간 정도 걸렸다. 심지어 스위치를 켜는 직원까지 따로 있었다고 한다. 무게는 30톤, 크기는 일반 교실의 2배 정도였다. 전기를 많이 소비해서 에니악을 작동시키는 날이면 가까운 지역에 정전이 일어나기도 했다.

경우가 많았고, 오작동도 빈번했다고 한다. 이튿날 관리자가 오작동의 원인을 물어보면 담당자는 당연히 '벌레bug' 때문이라고 답했다. 나방이 전선을 갉아 먹어서 오류가 생겼다는 것이다. 오늘날 우리가 컴퓨터 오작동을 '버그'라고 표현하는 것은 여기서 시작되었다.

물론 에니악을 최초의 현대식 컴퓨터로 봐야 하는가에 대해서는 의견이 나뉜다. 영화 〈이미테이션 게임〉으로 잘 알려진 앨런 튜링Alan Turing의 암호 해독기와 유사한 방식으로 만들어진 '콜로서스Colossus'가 최초의 컴퓨터라고 주장하는 사람도 있다. 국가 기밀이었던 콜로서스는 1970년대 이후에나 사람들에게 그 존재가 알려졌다. 그래서 꽤 오랜 시간 에니악이 최초의 컴퓨터로 여겨진 것이다. 최초의 컴퓨터가 콜로서스든 에니악이든, 중요한 것은 컴퓨터가 복잡한 계산을 위해 만들어졌다는 점이다.

멀티미디어 기기로 재탄생하다

군사 목적으로 만들어진 컴퓨터는 1970년대를 지나면서 개인용 컴퓨터Personal Computer인 PC의 시대를 맞이하게 된다. 애플의 스티

엄청난 계산 능력만큼이나 거대한 크기를 자랑했던 에니악.

브 잡스Steve Jobs와 마이크로소프트의 빌 게이츠Bill Gates가 바로 PC의 시대를 이끈 주역이다. 그들의 혁신적인 아이디어로 컴퓨터의 크기는 점점 작아지고 가정마다 PC를 한 대씩 보유하게 되면서 컴퓨터는 다양한 목적을 가진 멀티미디어 기기로 급격하게 발전했다.

　컴퓨터가 처리할 수 있는 연산 능력은 더욱 강력해지고, 프로그램이나 데이터를 기억할 수 있는 메모리의 성능 또한 빠르게 향상되었다. 특히 그래픽 카드가 개발된 이후 컴퓨터는 텍스트뿐 아니라 이미지를 표현할 수 있는 장치로 발전했다. 그러자 사람들은 컴퓨터를 통해서 할 수 있는 일이 많다는 것을 깨닫게 되었다. 글, 그림, 음악, 영상, 게임 등 다양한 형식의 콘텐츠를 제공받고 또 창작할 수도 있다는 사실을 알게 되면서 컴퓨터는 단순한 계산기의 영역을 넘어 멀티미디어 기기로 새롭게 탄생하게 된다. 오늘날 컴퓨터는 책을 읽고 영화도 보고 음악도 듣고 게임도 할 수 있는 대표적인 오락 도구이면서 수많은 콘텐츠를 기획하고 제작할 수 있는 창작 도구가 되었다.

최고의 놀이 문화가 된 게임

컴퓨터공학자들이 펼치는 실험의 장이었던 컴퓨터 게임은 어떻게 최고의 놀이 문화로 변모했을까? 〈스페이스 워〉와 〈2인용 테니스〉가 진짜 게임이 되기 위해 필요한 요소들은 무엇이었는지 살펴보고, 게임이 어떻게 오늘날과 같이 화려한 그래픽과 웅장한 음악을 탑재한 수준까지 발전하게 되었는지 알아보자.

누구나 쉽게 즐기는 게임을 위하여

MIT 학생들이 만든 〈스페이스 워〉를 보고 충격을 받은 대학생이 있었다. 바로 놀런 부슈널Nolan Bushnell이다. 그는 우연한 기회에 해본 이 게임이 자신의 인생을 바꿀 기회임을 알아차렸다. 부슈널은 대학을 그만두고 〈컴퓨터 스페이스Computer Space〉라는 게임을 만들었다. 〈컴퓨터 스페이스〉는 〈스페이스 워〉와 유사하지만 게임의 재미 요소와 상업적 가능성이 더해졌다.

부슈널은 게임에 관한 사업 수완이 좋은 사람이었다. 공부보다는 체스와 트럼프 게임을 즐겼고, 대학을 다니면서 놀이동산에서 일한 적이 있었기에 사람들에게 유희 활동이 얼마나 중요한지 알고 있었다.

〈스페이스 워〉에 흥미를 느낀 그는 이 프로그램이 술집에 있는 핀볼 게임을 대체할 수 있다고 생각했다. 그런 자신감을 가지고 만든 것이 바로 〈컴퓨터 스페이스〉이다. 〈컴퓨터 스페이스〉는 〈스페이스 워〉를 모방한 우주 전쟁 게임이었다. 그가 만든 게임기에는 우주선을 좌우로 움직일 수 있는 버튼과 미사일을 발사하는 버튼이 있었고, 미사일을 쏠 때마다 효과음이 나왔다.

무엇보다 동전을 넣고 게임을 하게 만들었기 때문에 플레이어의 승패 조건을 확실하게 구현했다. 그는 사람들이 게임에서 승리하기 위해 동전을 계속 넣으리라고 자신했다. 하지만 그의 기대와 다르게 〈컴퓨터 스페이스〉는 사업적인 성공을 거두지는 못했다. 게임이 너무 어려웠기 때문이다. 그는 공학도답게 중력장이나 하이퍼스페이스 점프 등 복잡한 기능과 기술을 게임에 담아냈다. 〈스페이스 워〉는 대학의 공학도들이 주로 플레이했기 때문에 어려운 기술이 들어가도 오히려 그것을 즐기는 분위기였다. 하지만 술집에서 하는 게임의 경우에는 소비자가 달랐다. 가벼운

세계 최초의 상업용 비디오 게임기 〈컴퓨터 스페이스〉.

마음으로 게임을 즐기고자 했던 사람들에게 〈컴퓨터 스페이스〉는 환영받지 못했다.

이 과정에서 부슈널은 게임이 대중적으로 성공하려면 너무 어려워서는 안 된다는 큰 깨달음을 얻었다. 잘 만들어진 게임, 흥행에 성공하는 게임은 배우기는 쉽되 완전히 통달하기는 어려워야 한다는 교훈을 말이다. 부슈널은 이 원칙을 바탕으로 아타리Atari라는 회사를 세워 대대적인 흥행 기록을 세운 〈퐁Pong〉이라는 게임을 만들게 되었다.

〈퐁〉에 담긴 게임의 정의

〈퐁〉의 실제 개발자는 앨런 알콘Allan Alcorn이다. 아타리의 설립자 놀런 부슈널은 알콘에게 탁구와 비슷한 게임을 만들라고 했다. 알콘은 게임에 대해 잘 알지 못했지만 단순한 시뮬레이션 프로그램을 만들고 싶지는 않았다. 그래서 흥미로운 아이디어들을 덧붙여 게임 〈퐁〉을 탄생시켰다.

〈퐁〉은 얼핏 보면 최초의 컴퓨터 게임이라 불리는 〈2인용 테니스〉와 비슷해 보인다. 그도 그럴 것이 탁구와 테니스는 실제로도 경기 규칙이 비슷한 스포츠이다. 다만 〈2인용 테니스〉가 전시용으로 만들어졌다면 〈퐁〉은 처음부터 상업적인 목적에 따라 제작되었다는 점이 다르다. 특히 〈퐁〉은 오늘날 게임에 필요한 다양한 요소들을 담고 있으며, 게임 산업의 새로운 장을 열었다.

그렇다면 게임을 게임답게 만드는 요소는 무엇일까? 게임을 한마디로 정의하기는 어렵다. 시대에 따라, 게임을 바라보는 관점에 따라 정의는 다르게 내려질 수 있다. 하지만 일반적으로 게임의 개념은 다섯 가지 요소로 정리할 수 있다. 경쟁, 규칙, 적절한 난이도, 보상 체계, 그리고 자발성이다.

〈퐁〉은 플레이어 두 명이 공을 주고받으며 이루어진다. 상대를 이기기 위해 게임을 한다는 경쟁 요소를 품고 있는 셈이다. 〈퐁〉을 홍보하는 말이었던 "최고 점수에 도전하라"는 플레이어의 경쟁을 부추기기에 충분했다.

또한 〈퐁〉은 탁구 규칙을 바탕으로 만들어졌다. 네트를 넘어오는 공을 받아치지 못하면 1점을 잃고, 먼저 15점을 획득한 플레이어가 승리를 거머쥐게 된다. 이 규칙은 게임에 참여한 모든 이에게 공평하게 적용된다. 때로는 무승부가 나기도 하지만 일정 시간이 지나면 누군가는 이기고 누군가는 패배하게 되어 있다.

〈퐁〉이 오늘날 게임의 특성을 잘 반영한 부분은 무엇보다 게임 난이도이다. 〈퐁〉의 개발자 알콘은 공이 막대기 모양의 패들에 맞는 위치에 따라 각도를 달리 설계하여 공이 떨어지는 위치를 예측하지 못하게 했다. 그리고 공의 움직임에 속도 향상 기능을 추가하여 게임의 난이도를 조절했다. 이런 난이도의 변화는 플레이어의 도전 의식을 자극했다.

또한 〈퐁〉에는 플레이어에게 승리했다는 만족감을 주는 보상

엄청난 인기를 끌었던 〈퐁〉의 플레이 화면.

내가 만든 게임이 레전드가 된다면

체계가 있었다. 점수를 따면 화면에 곧바로 표시된다. 플레이어는 화면에 표시된 점수로 현재 나의 성적을 정확하게 알 수 있다. 점수를 얻게 되면 플레이어는 성취감을 느끼고, 상대의 점수와 비교하면서 승리에 대한 의지를 더욱 확고하게 다질 수 있다. 마지막으로 〈퐁〉은 사람들이 스스로 몰입하게 하는 놀이였다. 너무 많은 사람이 즐겨 기계가 동전으로 가득 차 고장이 날 정도로 큰 인기를 끌었다는 것은 유명한 일화이다.

게임의 구성 요소를 모두 갖춘 〈퐁〉은 게임 산업의 새로운 가능성을 제시했으며, 게임 개발의 모범 사례로 남아 있다.

게임이 키운 첨단 기술

게임의 발전은 언제나 기술 개발과 깊은 관계가 있다. 1980년, 게임 역사에 획을 그은 게임 〈조크Zork〉를 개발한 MIT 연구자들은 인공지능AI을 연구하는 사람들이었다. 텍스트 기반 컴퓨터 게임인 〈조크〉는 챗GPT처럼 대화를 하는 구조로 이루어졌다.

게임을 실행하면 검은 컴퓨터 화면에 글이 올라온다. 플레이어가 지금 서 있는 곳이 어디인지를 알려 주는 글이다.

당신은 지금 들판에 서 있다.
당신 앞에 하얀 집이 한 채 있고, 옆으로 작은 우체통이 하나 있다.
다만 그 집은 큰 나무판자로 문이 막혀 있다.

플레이어는 자신이 하고 싶은 행동을 생각해서 입력한다. 집 안으로 들어가는 입구를 찾고 싶다면 "집 주변을 돌아봐"라고 입력한다. 컴퓨터는 "집을 한 바퀴 돌아봤지만 들어갈 수 있는 입구는 모두 막혀 있습니다"라는 식으로 대답한다. 플레이어는 이제 다른 동작을 입력한다. "창문을 깨." 컴퓨터가 다시 "창문을 깨뜨릴 만한 도구를 발견할 수가 없어요. 안타깝네요"라고 답한다.

플레이어들은 소설을 읽듯 머릿속으로 이미지를 상상하며 게임을 즐긴다. 〈조크〉에서 보여 주는 텍스트 기반의 상호작용은 AI 채팅 시스템과 닮았다. 요즘에는 가전제품이나 물건 배송에 문제가 생겨 고객 센터에 전화를 걸면 상담사가 아닌 AI 챗봇이 바로 문제를 해결해 준다. 스마트폰에 있는 시리Siri나 빅스비Bixby, 챗GPT 역시 AI 기술로 만들어진 대화형 서비스이다. 즉 게임은 오늘날 다양한 산업에서 활용되는 AI 기술의 기초를 마련하는 데 큰 역할을 했다.

AI 기술 이외에도 게임 때문에 발전하게 된 기술은 많다. 그중 꼭 짚고 넘어가야 할 것이 바로 그래픽과 네트워크 기술이다. 아무리 훌륭한 기획으로 프로그램을 짠다고 해도 머릿속에 있는 그림을 컴퓨터로 옮겨 올 수 없다면 금방 한계에 부닥칠 것이다. 그래서 게임에서 사용되는 그래픽 기술은 게임을 게임답게 만드는 데 가장 중요한 기술 중 하나이다.

텍스트 기반의 게임인 〈조크〉도 그래픽 기술이 개발되자 새로운 모습으로 재탄생했다. 상상 속에만 존재하던 하얀 집은 그래 픽 카드의 도움을 받아 플레이어의 눈앞에 그 형체를 드러내게 되었다. 플레이어가 더 진짜 같고 현실에 가까운 경험을 하게 된 것이다.

또 다른 성과는 바로 네트워크 기술의 발전이다. 같은 공간에 있지 않아도 친구들과 게임을 즐길 수 있는 것은 인터넷을 통해 언제 어디서나 연결될 수 있기 때문이다. 이는 네트워크 기술의 발전 덕분이다.

네트워크 기술이 발전하면서 게임 회사들은 전 세계의 플레이 어를 대상으로 게임을 서비스할 수 있게 되었고, 게임 시장은 급 격하게 성장했다. 게임 회사는 더 빠르고 안정적인 서비스를 제 공하기 위해 서버를 구축하는 데 많은 투자를 한다. 많은 플레이 어가 동시에 접속할 수 있는 서버 환경은 큰돈을 벌 기회가 되기 때문이다.

네트워크 기술의 발전은 다양한 장르의 게임을 개발하는 데 에도 도움을 주었다. '대규모 다중사용자 온라인 역할수행게임 MMORPG'이 등장하게 된 것은 1990년대 후반 인터넷이 전 세계에 보급되었기 때문이다. 다수의 플레이어가 하나의 가상 공간에 서 게임을 하게 되면서 그들은 현실과는 다른 형태의 커뮤니티 를 경험하게 되었다. 현실의 '나'를 뒤로한 채 새로운 정체성을 가 지고 다른 플레이어와 소통하며 정보와 경험을 공유하는 기회를 갖게 된 것이다. 이를 바탕으로 플레이어들은 게임에 더욱 강한 소속감과 유대감을 느끼게 되었다.

게임, 학문이 되다

오늘날 게임은 단순한 오락을 넘어서 인간과 사회, 기술과 예술을 탐구하는 주요한 학문 분야가 되었다. 게임을 연구하는 사람들은 게임을 통해 새로운 기술 개발에 도전하고, 게임 속에 담긴 심리적·사회적·문화적 비밀을 풀어내려 한다. 이들은 어떤 사람들이며, 게임과 깊은 관계를 맺고 있는 학문에는 무엇이 있는지 살펴보는 것은 게임과 관련한 진로를 설계하는 데 큰 도움이 될 것이다. 무엇보다 게임 개발자가 되기 위한 교육을 수행하고 프로게이머를 양성하는 학교에 대해 알아보는 것은 게임을 바라보는 새로운 관점을 제공할 것이다.

게임을 바라보는 세 가지 시각

한때 단순한 놀이로 여겨졌던 게임은 이제 연구의 대상이 되었다. 서점이나 도서관에 가서 보면 게임 관련 서적이 꽤 많은 것을 알 수 있다. 게임에 대한 연구는 20세기 후반부터 본격화되었다. 1950~1960년대에는 인간이 컴퓨터를 어떻게 마주해야 하는지에 대한 인간-컴퓨터 상호작용 관련 연구가 시작되었다. 1970년대 이후에는 〈컴퓨터 스페이스〉 같은 아케이드 게임과 가정용 콘솔 게임기가 등장하면서 대중문화로서 게임을 연구하게 되었다.

1990년에 접어들자 학문으로서 게임에 대한 기틀이 마련되었다. 이 시기 게임을 연구하는 학자들은 게임을 인문학적인 관점에서 연구해야 한다는 내러톨로지Narratology 학파와 공학적인 관점에서 연구해야 한다는 루돌로지Ludology 학파로 나뉘었다. 이 두 학파는 10여 년 동안 팽팽하게 맞서다가 2000년대를 지나면서 게임을 인문학과 공학을 모두 아우르는 융합 학문으로 바라봐야 한다는 데 의견을 같이하게 되었다.

우선 내러톨로지 학파의 주장을 살펴보자. 그들은 게임 스토리텔링의 방식과 서사를 경험하면서 플레이어들이 얻게 되는 예술적 가치를 주로 연구했다. 기본적으로는 게임이 소설과 영화 같은 콘텐츠의 연장선상에 있음을 강조하면서 미디어 진화론의 입장에서 게임을 연구해야 한다고 보았다.

컴퓨터 게임이 새로운 방식의 스토리텔링 미디어라고 생각한 내러톨로지 학파는 디지털 스토리텔링 혹은 게임 스토리텔링이라고 부르는 새로운 영역의 특징들을 주로 연구했다. 그들은 플레이어가 서사를 선택하는 게임 특유의 방식에 주목하고, 책이나 영화 등 전통 미디어의 서사와 게임 서사의 차이점을 분석했다. 그리고 플레이어들이 캐릭터를 가지고 서사를 경험하는 방식과 이 과정에서 얻게 되는 몰입과 감정의 가치를 연구했다.

반면에 루돌로지 학파는 게임이 디지털 시대의 새로운 산물이기 때문에 게임을 독자적인 학문 분야로 인정해야 한다고 주장했다. 그리고 게임의 서사보다는 현실 세계를 모방해 만든 규칙에 더 주목해야 한다고 강조했다. 게임에서는 규칙에 따라 플레이어가 어떻게 행동할지 정해 시스템이 잘 작동하도록 만드는 것이 더 중요하다는 것이다.

우리나라에서는 2000년대를 지나면서부터 본격적으로 게임을 연구하기 시작했다. 주로 국문학과 미디어학을 연구하는 학자들은 내러톨로지 학파와 의견을 같이했고, 공학자들은 루돌로지 학파의 입장에서 연구를 진행했다. 하지만 게임 연구 자체가 서양보다 10여 년 늦게 시작한 탓에 우리나라 연구자들은 처음부터 게임을 융합 학문으로 바라보는 경향이 강했다.

게임 연구는 게임 개발에 대한 체계적인 지식을 제공하는 데 큰 역할을 하고 있다. 콘텐츠 측면에서 게임의 구조를 연구하고 플레이 경험과 스토리텔링의 조화를 탐구하는 것은 게임 개발자들의 전문성을 높이고 혁신적인 게임을 만드는 데 직접적인 도움을 준다. 또한 게임 연구는 인공지능, 가상현실, 증강현실 등 첨단 기술 발전과 산업 성장의 원동력이 되고 있다.

게임 안에 학문 있다?

게임 연구는 사실 게임이 본격적으로 등장하기 전부터 시작했다고 해도 과언이 아니다. 초창기 연구는 인류학이나 사회학 분야에서 진행되었다. 컴퓨터 게임이 존재하지 않았을 때도 이 분야의 학자들은 인간의 놀이 문화를 연구 대상으로 삼았다. 놀이가 인간의 삶에 미치는 영향력이 크기 때문이다.

놀이의 문화적 특성을 연구한 대표적인 학자로는 네덜란드의 인류학자 요한 하위징아Johan Huizinga와 프랑스의 사회학자 로제 카유아Roger Caillois를 들 수 있다. 카유아는 《놀이와 인간》이라는 책에서 놀이를 바탕으로 인류 문화의 발달을 고찰한 인물이다. 그는 규칙의 유무와 플레이어의 의지가 게임 결과에 반영되는지 여부에 따라서 놀이를 아곤Agon, 알레아Alea, 미미크리Mimicry,

요한 하위징아와 놀이하는 인간

요한 하위징아는 1938년 《호모 루덴스 Homo Ludens》라는 책을 통해 놀이가 인간 삶의 근본적인 요소라고 주장했다. 놀이가 본능적인 즐거움을 추구하면서도 창의성·협력성·규칙을 이해하고 사회성을 학습할 기회를 제공한다는 것이다. 이런 의미에서 그는 인간을 놀이하는 존재라는 뜻에서 '호모 루덴스'라고 정의했다.

일링크스ilinx로 나누었다.

아곤은 규칙도 있고 의지를 반영하는 것으로, 규칙에 입각한 경쟁의 놀이이다. 따라서 경쟁을 통해 자신의 우수함을 인정받고 싶어 하는 인간의 욕망이 표현되는 놀이이다. 대표적으로 체스나 바둑, 각종 운동 경기 등을 들 수 있다.

알레아는 규칙은 존재하지만 의지가 결과에 반영되지 않는, 즉 '운'에 의지하는 놀이들을 말한다. 복권이나 룰렛, 주사위 등 플레이어가 자신의 영향력을 행사할 수 없는 성격의 놀이로, 그저 행운이 따르길 바라야 한다. 흔히 '땡잡았다', '또 해야지'로 이어지는 기대감은 강한 중독성과 막연한 쾌감을 준다.

미미크리는 규칙은 없지만 의지가 결과에 반영되는 유형으로, 흉내를 내거나 가장하여 노는 놀이를 말한다. 소꿉장난, 연극처럼 다른 사람이 되거나 가면을 쓰는 역할 놀이 등이 여기에 속한다.

일링크스는 아찔함을 즐기는 놀이로, 규칙도 없고 의지도 반영되지 않는다. 다만 일시적으로 감각의 안정을 파괴하여 기분 좋은 패닉 상태를 만들어 내는 놀이이다. 롤러코스터를 타거나 번지점프를 할 때 느끼는 흥분은 일시적인 감각의 혼란을 통해 얻게 되는 짜릿함이다. 종종 운의 정도가 클 때도 일링크스 현상이 발생한다.

카유아의 분류 체계를 따른다면 오늘날 컴퓨터 게임은 규칙과 의지 반영이 모두 있는 아곤에 속한다고 할 수 있다. 하지만 한 번

더 생각해 보면 오늘날 게임에는 아곤, 알레아, 미미크리, 일링크스의 속성이 모두 담겨 있다. 확률형 아이템 혹은 흔히 '레어템'이라고 말하는 것의 경우 알레아의 속성을 지니고 있다. 또 역할수행게임RPG에서 플레이어가 캐릭터로 변신해 게임을 플레이하는 것은 미미크리의 속성을 차용한 것이라 볼 수 있다. 가상현실VR 기기를 쓰고 산꼭대기에서 내려올 때 아찔함을 경험하는 것도 게임에 일링크스의 속성을 녹여 낸 사례라 할 수 있다.

인류학이나 사회학 이외에도 심리학·경영학·물리학 등 다양한 학문 분야의 지식을 게임에서 찾아볼 수 있다. 시간 가는 줄 모르고 게임을 하게 되는 플레이어들의 심리는 미국의 심리학자인 미하이 칙센트미하이Mihaly Csikszentmihalyi의 몰입 이론으로 설명할 수 있다. 허구인 게임 세계를 실제 세계로 믿게 되는 감정 상태, 몬스터를 죽이고도 죄책감을 갖지 않는 플레이어들의 모습에도 철학적 해석이 존재한다.

전략게임은 자원 배분에 관한 경영학 이론으로 설명할 수 있으며, 게임에서 캐릭터가 움직이거나 점프할 때 뉴턴의 운동 법칙이 적용되기도 한다. 〈마인크래프트〉 같은 게임에는 현실적인 빛의 반사를 구현하기 위해 광학 이론이 적용되었고, 폭발 효과를 보여 주기 위해 유체역학을 접목시키기도 한다. 플레이어들은 게임을 통해 자연스럽게 다양한 학문의 원리를 체험할 기회를 얻게 된다.

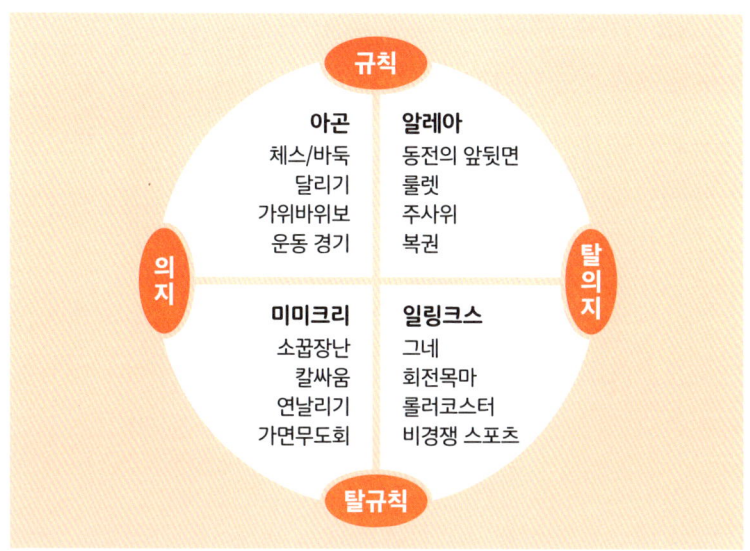

규칙

아곤
체스/바둑
달리기
가위바위보
운동 경기

알레아
동전의 앞뒷면
룰렛
주사위
복권

의지

탈의지

미미크리
소꿉장난
칼싸움
연날리기
가면무도회

일링크스
그네
회전목마
롤러코스터
비경쟁 스포츠

탈규칙

로제 카유아의 놀이 분류.

게임을 가르치는 학교

게임이 주목을 받으면서 고등학교와 대학교에서도 게임을 전문적으로 배우고 연구할 수 있는 교육 과정이 마련되었다. 게임 산업에서 일하고 싶다면, 게임 관련 전공을 선택하는 것도 좋을 것이다.

이들 학교는 크게 두 가지 유형으로 나뉜다. 첫째는 게임 디자이너와 프로그래머, 그래픽 아티스트 등 게임 개발자를 양성하기 위한 학교이다. 둘째는 프로게이머, 게임 해설자 등 e스포츠 관련 직업군을 양성하는 학교이다.

게임 개발자를 위한 교육기관은 실무 중심의 커리큘럼을 제공하며, 학생들이 실제 게임 회사와 협력해 프로젝트를 하거나 다양한 공모전에 참가할 기회를 준다. 이를 통해 학생들은 인디 게임 제작과 상용화 과정을 경험하며, 전문가의 지도와 진로 상담을 받을 수 있다. 이 같은 실무 경험은 학생들이 현장에 바로 적응할 수 있는 역량을 갖추도록 돕는다.

대학에 게임학과가 생긴 지는 그리 오래되지 않았다. 일반적으로 게임학과에서는 게임 디자이너를 위한 기획과 게임 스토리텔링, 게임 마케팅과 게임 산업을 공부한다. 게임 그래픽 아티스트를 위해서는 기본적인 콘셉트 스케치 실력을 길러 주고, 3D 모델링과 애니메이션도 가르친다. 또한 게임 프로그래머를 위해서 컴퓨터 언어를 교육하고, 유니티Unity나 언리얼Unreal 같은 게임 엔진을 가르친다. 게임학과 대신 컴퓨터학과, 정보통신학과, 그리고 최근에 등장한 인공지능학과나 미디어공학과에서 공부하는 것도 좋은 방법이다.

게임 그래픽 아티스트가 되기 위해서는 애니메이션이나 순수 미술, 혹은 디자인을 공부하는 것이 도움이 된다. 반면 게임 디자이너들은 게임학이나 문화콘텐츠학을 전공하지 않아도 취업에 성공하는 경우가 많다. 국문학, 철학, 심리학, 경영학 등 다양한 전공에서 게임 디자이너를 지원하고 있다.

최근에는 한국게임 과학고등학교, 경기게임 마이스터고등학교 등 고등학교 때부터 게임을 전문적으로 배우는 특성화 고등학교도 활발하게 운영되고 있다. 이들 학교는 청소년기부터 게임에 관심이 크고 재능이 있는 학생들을 선발하여 게임 기획과 개발을 동시에 수행할 수 있는 전문가를 양성하는 것이 목표이다.

한편, 프로게이머와 게임 해설자 등을 양성하는 학교도 점차 늘어나고 있다. 이 학교들은 게임이 e스포츠로 자리 잡으면서 해당 분야의 전문 인력을 체계적으로 길러 내기 위해 세워졌다. e스포츠는 그동안 게임을 바라보던 부정적 인식을 극복하고, 게임 역시 승부를 겨루는 경기임을 보여 준다.

이러한 학교에서는 주요 e스포츠 종목의 실전 연습뿐 아니라 경기 분석, 정신력 강화 훈련, 체력 단련까지 아우르는 교육 프로그램을 제공한다. 이는 프로게이머가 단순히 게임을 잘하는 사람이 아닌, 전략적 사고와 반응 속도, 팀워크, 강한 정신력, 그리고 끊임없는 연습이 요구되는 전문직이기 때문이다. 또한 올바른 게임 문화를 형성하고, 인성을 기르며, 이론적 지식을 쌓아 내공을 다질 수 있도록 다양한 학문을 함께 학습한다.

e스포츠 분야는 선수 외에도 다양한 직업을 창출하고 있다. 예를 들어 프로게이머를 관리하고 지도하는 인력, 공정한 경기를 진행하는 심판, 경기를 중계하는 스트리머와 유튜버, 전문 해설가 등이 있다. 이러한 직업군에 대한 교육 역시 체계적인 커리큘럼을 통해 학교에서 배울 수 있다.

이처럼 전문 교육을 통해 많은 청소년이 단순한 취미를 넘어 게임을 직업으로 삼을 기회를 얻게 되었다. 학교에서 제공하는 체계적인 교육은 좋아하는 일을 직업으로 만들어 줄 선택지를 넓혀 주고 있다.

게임을 직업과 연결시켰을 때 가장 먼저 떠오르는 것은 아무래도 게임 창작자이다. 게임 개발자라고도 부르는 이들은 크게 게임 디자이너, 프로그래머, 그래픽 아티스트로 나뉜다. 우선 게임 디자이너에 대해 알아보자.

우리나라에서는 게임 디자이너를 주로 게임 기획자라고 부른다. 하지만 세계적으로 통용되는 명칭은 게임 디자이너이다. 그들은 어떤 게임을 만들 것인지를 결정한다. 항해를 시작하기 전에 목적지를 정하고 항로를 설계하는 선장과 같다. 게임 디자이너는 게임의 전체적인 콘셉트와 방향을 정하고, 이를 실현하기 위한 계획을 세우는 역할을 한다. 이 결정에서 가장 중요한 것은 어떤 경험을 선사할 것인지 고민하는 일이다.

플레이어가 게임에서 얻게 될 핵심 감정이 무엇인지 결정했다면 그 경험을 창출하기 위한 게임의 전반적인 구조를 기획한다. 구체적으로는 게임의 세계관, 스토리, 캐릭터와 퀘스트 디자인, 그리고 게임 규칙과 시스템을 설계한다. 플레이어가 탐험할 공간을 짜고 스테이지별 난이도를 설정하는 등의 레벨 디자인도 게임 디자이너의 몫이다.

게임 디자이너는 게임 개발 과정에서 발생하는 여러 문제를 해결하며, 프로젝트가 성공적인 방향으로 나아가도록 이끌어야 한다. 프로그래머와 그래픽 아티스트 등 다양한 팀원들과 긴밀히 협력하여 모든 구성원이 하나의 목표를 향해 나아갈 수 있도록 조율하는 역할도 중요하다.

그렇기 때문에 게임 디자이너가 되기 위해서는 창의력, 소통 능력, 문제 해결 능력을 기르는 것이 필요하다. 독창적인 아이디어로 재미있는 게임을 기획하고, 소통 능력으로 다양한 팀원들과 협력하여 프로젝트를 실현해야 한다. 문제 해결 능력으로 개발 과정에서 발생하는 다양한 문제를 처리하는 것은 물론이다. 또한 논리적으로 사고하고 플레이어의 관점에서 게임을 설계할 수 있는 능력이 중요하다. 논리적이고 분석적인 성향뿐 아니라 감성적인 성향도 모두 가지고 있는 사람이야말로 게임 디자이너에 가장 적합하다.

게임 프로그래머는 프로그램 코드를 짜고 게임 엔진을 개발하는 역할을 한다. 게임 디자이너가 아무리 멋지고 통쾌한 던전을 기획하더라도, 프로그래머가 이를 구현해 주지 않는다면 게임은 제대로 작동할 수 없다.

　게임 프로그래머는 컴퓨터가 이해할 수 있는 프로그래밍 언어를 써서 캐릭터들을 움직이고, 각종 아이템의 기능과 전투를 구현한다. 특히 네트워크 기술이 발전하면서 멀티플레이가 가능하도록 시스템을 설계하는 일이 매우 중요해졌다. 게임 서버와 플레이어 간의 통신이 안정적으로 유지되고, 플레이 과정에서 쌓이는 데이터를 손실 없이 관리할 수 있는 백업과 복구 시스템도 설계해야 한다.

게임 프로그래머의 직무를 세분화하면 그래픽 프로그래밍, 물리 프로그래밍, AI 프로그래밍, 네트워크 프로그래밍, 게임 플레이 프로그래밍, 툴 개발 등을 들 수 있다. 이를 위해 게임 프로그래머는 논리적인 사고력과 문제 해결 능력이 뛰어나야 한다. 프로그래밍 언어와 수학적 지식도 갖추어야 한다.

게임 산업의 중심축인 게임 프로그래머들은 기술적 혁신과 창의적 설계로 게임의 발전을 이끌어 왔다. 최초의 게임을 만든 사람들도 컴퓨터공학자였다는 것을 떠올리면 그들이 게임 산업에서 얼마나 큰 역할을 해 왔는지 금세 알아차릴 수 있다. 3D 게임 엔진의 선구자이자 현대 게임 개발의 기초를 다진 인물로 평가받는 존 카맥John Carmack은 1990년대 초반, 〈둠Doom〉과 〈퀘이크Quake〉를 개발해 1인칭 슈팅 게임의 길을 열었다. AI 바둑 프로그램인 알파고를 만든 데미스 하사비스Demis Hassabis도 게임 프로그래머 출신이다.

우리나라의 대표적인 게임 회사인 엔씨소프트의 김택진, 고인이 된 넥슨의 김정주, 국내 최초 MMORPG인 〈바람의 나라〉를 개발한 송재경은 모두 프로그래머 출신이다. 그들은 한국 게임 산업이 발전하고 세계적인 입지를 다지는 데 중요한 역할을 했다. 빠른 속도로 발전하는 기술을 지속적으로 익히고 게임에 잘 반영될 수 있도록 도전하는 게임 프로그래머는 앞으로도 게임 산업의 기술 혁신과 세계화를 이끌 것이다.

게임 그래픽 아티스트는 게임의 모든 시각적 요소를 담당한다. 크게 배경 디자인, 캐릭터 디자인, 아이템 디자인, 그리고 인터페이스 디자인 등이 있다.

배경 디자인은 게임 디자이너의 머릿속에 있는 세계에 대한 콘셉트를 스케치하고, 건물과 지형을 포함한 구체적인 배경을 그리는 일이다. 그리고 이렇게 디자인된 배경을 3D로 모델링하고 질감을 입혀 완성한다. 캐릭터 디자인은 게임에 등장하는 모든 캐릭터의 외모와 움직임을 그리는 일이다. 역시 콘셉트 스케치에서부터 3D 모델링, 움직임을 위한 뼈대 심기와 애니메이션 작업까지 세분화되어 있다.

아이템 디자인은 게임에서 사용되는 무기나 방어구, 의상과 장

신구, 그리고 탈것을 비롯한 모든 아이템을 디자인하는 일이다. 마지막으로 인터페이스 디자인은 게임 세계에 대한 디자인 이외에 게임에서 사용하는 여러 아이콘, 버튼, 그리고 메뉴 등을 보기 좋으면서도 한눈에 알아볼 수 있도록 편의성을 고려하여 디자인하는 일이다. 플레이어들에게 직접적인 영향을 미치는 영역이기 때문에 사용자 경험UX 디자인과 사용자 조직화UI 디자인은 게임 세계를 만드는 것 못지않게 중요한 일이라고 할 수 있다.

게임에서 그래픽 아티스트가 중요한 이유는 게임의 시각적 표현이 플레이어에게 몰입감과 생동감을 제공하고 게임의 전반적인 경험을 좌우하기 때문이다. 매력적이고 생생한 캐릭터, 배경, 전투 장면의 표현은 게임의 인기와 완성도를 결정하는 중요한 요소이다.

특히 게임 내에서 이미지로 표현되는 모든 것은 게임의 분위기와 스토리 측면에서 감정선을 형성하고 플레이어에게 깊은 감동을 줄 수 있다. 그래픽 아티스트는 단순히 게임을 보기 좋게 만드는 것이 아니라 플레이어가 게임에 매력을 느끼고 그 경험을 계속 이어 가도록 만드는 역할을 한다.

2장

게임을 만드는 재료들

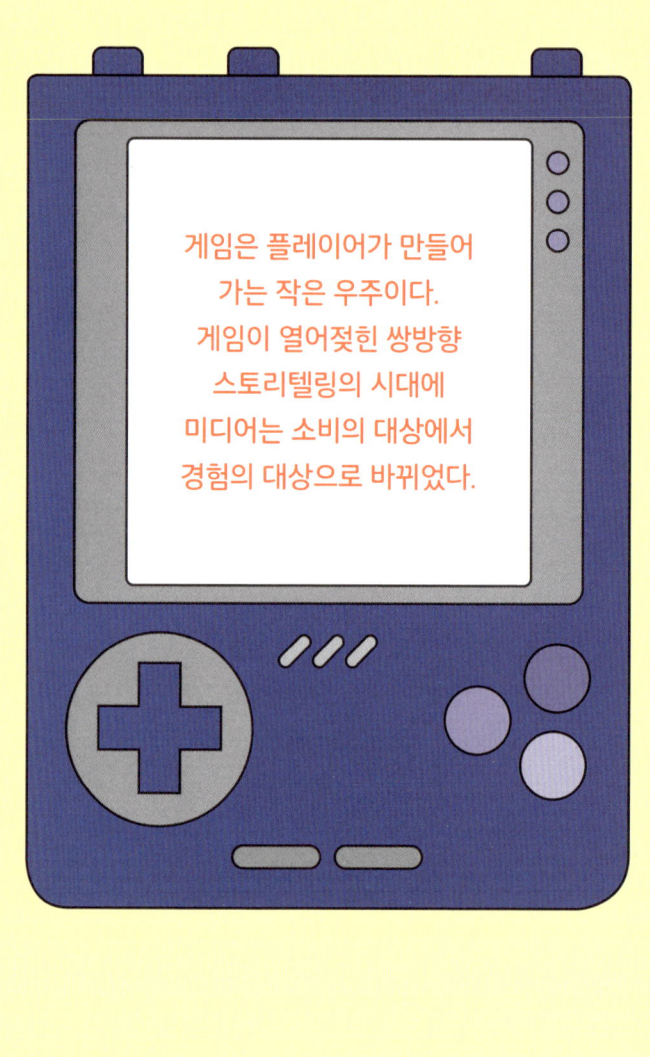

게임은 플레이어가 만들어
가는 작은 우주이다.
게임이 열어젖힌 쌍방향
스토리텔링의 시대에
미디어는 소비의 대상에서
경험의 대상으로 바뀌었다.

게임 속 세계관의 비밀

모든 게임은 하나의 작은 우주다. 플레이어는 이 우주를 탐험하고 자신만의 이야기를 만들어 간다. 각 우주는 독특한 법칙과 환경, 캐릭터로 이루어져 있는데, 플레이어가 그 안에서 상호작용을 나누며 성장할 수 있도록 설계된다. 드넓은 중세 판타지 세계에서 용과 맞서 싸우거나 최첨단 기술이 지배하는 미래 도시에서 모험을 펼치는 것은 플레이어에게 단순한 놀이를 넘어 특별한 경험이 된다. 이런 경험을 위한 구체적인 환경을 조성하는 것이 바로 게임의 세계관이다.

세계관은 왜 필요할까?

세계관이 게임에만 존재하는 것은 아니다. 소설이나 영화, 웹툰,

웹소설 등의 콘텐츠에서도 세계관은 매우 중요한 기능을 한다. 세계관이란 이야기의 배경이 되는 설정을 말한다. 세계관에 따라 그 속에서 벌어지는 사건과 캐릭터가 정해지며, 이것들이 조화를 이룰 때 스토리는 현실성을 가지게 되고, 플레이어는 그 세계를 진짜처럼 느끼게 된다.

예를 들어 소설 '해리 포터' 시리즈는 현대 사회 속에 숨겨진 마법의 세계라는 독특한 설정을 통해 독자들에게 신비로움과 몰입감을 선사한다. 첨단 과학 시대에 모자가 말을 하고, 빗자루를 타고 하늘을 날아다니는 마법이 존재한다니 말이 되는 일인가? 하지만 실제 영국 런던의 킹스크로스역에는 책에 나온 9와 4분의 3 승강장이 있다. 이 승강장을 통해 마법 학교인 호그와트로 갈 수 있다는 설정은 사람들이 해리 포터의 세계를 꿈꾸게 한다.

영화 '반지의 제왕' 시리즈의 세계관도 마찬가지이다. 소설 《반지의 제왕》을 쓴 존 로널드 톨킨John Ronald Tolkien은 인간, 엘프, 드워프, 호빗, 오크와 같은 다양한 종족이 함께 살아가는 중간계를 실제 존재하는 세계처럼 보여 주고 싶었다. 그래서 그는 수만 년에 걸친 역사와 지리뿐만 아니라 각 종족의 고유한 언어 체계와 전통 등을 매우 상세하게 설계했다. 그 결과 독자와 관객은 이 허구의 세계에서 일어나는 일을 모두 진짜인 것처럼 받아들일 수 있었다. 언어, 역사, 철학, 신화, 지리를 포함한 모든 요소가 유기적으로 연결된 세계관을 설계하여 현실감과 설득력을 높인 것이다.

영화 '해리 포터' 시리즈에 등장하는 9와 4분의 3 승강장을 꾸며 놓은 킹스크로스역.

게임에서 세계관은 소설이나 영화보다 더 촘촘하고 상세해야 한다. 플레이어가 실질적으로 게임 세계 안에 들어가 사건을 경험하고 스토리를 만들어 가야 하기 때문이다. 사소한 부분도 꼼꼼하게 설계된 세계와 그렇지 않은 세계에서 플레이어는 엄연히 다른 태도를 취할 수밖에 없다.

게임에서 세계관은 단순히 이야기가 진행되기 위한 배경에 머물지 않는다. 실제 사건이 일어나는 공간이자 플레이어가 사건에 깊이 관여하게 되는 출발점이 된다. 세계관은 다양한 이야기 요소의 관계에 구조를 세우고, 플레이어에게 이야기를 움직이는 규칙과 시스템을 이해시키는 역할을 한다.

일반적으로 게임의 세계관은 오프닝 동영상이나 웹사이트의 소개말에 잘 나와 있다. 낯설고 이질적인 게임 세계를 소개하면서 현재 어떤 문제 상황에 처해 있는지, 플레이어가 이 세계에서 해결해야 하는 핵심 과제가 무엇인지를 구체적으로 알려 주는 식이다. 이와 같은 설명은 플레이어의 목적의식을 높이고, 게임에 특별한 의미와 가치를 부여하게 한다.

게임 세계관을 만드는 데 필요한 요소는 크게 세 가지이다. 바로 시간적 배경, 공간적·자연적 배경, 그리고 사상적 배경이다. 세계관의 구성 요소 중 놓치기 쉬운 것이 사상적 배경이다. 사상적 배경은 세계를 보는 관점으로, 플레이어가 게임 속 세계를 이해하고 자신의 행동에 정당성을 부여하는 기능을 한다.

예를 들어 〈GTA^{Grand Theft Auto}〉 같은 게임에서 플레이어는 마피아 조직의 심부름을 해야 한다. 이 게임에서 플레이어는 난폭 운전을 일삼으며 은행을 털고 경찰을 공격하기도 한다. 엄밀하게 말하자면 이런 행동은 지탄받아 마땅한 것이지만, 〈GTA〉 세계관 내에서는 플레이어가 살아남기 위해 해야만 하는 행동이다. 이처럼 비도덕적인 상황에서도 플레이어의 선택과 결정에 명분을 부여하는 것이 바로 사상적 배경의 역할이다.

사상적 배경은 게임의 주제와 메시지 전달에 깊이 관여한다. 사상적 배경은 게임 서사에 깊이를 더해 주기 때문에 플레이어는 게임에 담긴 메시지나 질문을 자연스럽게 전달받는다. 플레이어의 감정적 몰입을 이끌어 내는 것도 사상적 배경의 기능이다.

신화를 닮은 게임 세계관

게임을 접하다 보면 왠지 모르게 세계관이 신화의 그것과 많이 닮아 있음을 느끼게 된다. 게임과 신화는 어떤 점에서 닮았고, 게임은 왜 신화를 닮게 된 것일까?

〈월드 오브 워크래프트〉나 〈리니지〉 등 대부분의 MMORPG에는 인간과 함께 엘프, 드워프, 오크 등 다양한 종족이 등장한다. 나무는 살아 움직이고 물고기는 하늘을 날아다닌다. 게임 세계에는 초현실적인 존재와 괴물들이 가득하고 인간은 자유자재로 변신한다. 플레이어가 선택하는 캐릭터들은 칼과 화살뿐 아니라 마법과 같은 신비한 능력을 가진 존재로 그려진다.

　게임처럼 신화에 등장하는 인물들도 초자연적인 존재들이다. 인간과 다른 형상을 한 그들은 마법을 쓰고 인간이 할 수 없는 일을 해낸다. 단군 신화에서 쑥과 마늘을 먹고 사람이 되었다는 곰의 이야기는 사실 말이 되지 않는다. 그럼에도 우리는 신화를 좋아한다. 우리가 신화에 매력을 느끼는 이유는 이야기의 진위 여부를 넘어서 인간 존재와 세계에 대한 본질적인 질문을 던지고, 많은 사람들이 공감할 수 있는 이야기 구조를 갖고 있기 때문이다. 신화는 낮과 밤이 왜 생기는지 과학적으로 증명할 수 없던 과거에 그 해답을 찾기 위한 것이었다. 그렇기에 신화는 오랜 시간 지속되고 퍼질 수 있었다.

　게임 세계관은 이처럼 진짜가 아닌데도 믿고 싶어지는 신화의 강점을 닮아 있다. 실존하지 않는 가상의 세계를 스크린 너머에 나타낼 때 게임은 그 세계의 존재를 증명해야 하기 때문이다. 특히 신화에 등장하는 천지 창조와 세계수, 그리고 부친 살해 일화는 게임에서 자주 쓰이는 소재들이다. 세계가 어떻게 창조되었고 어떤 연유로 혼돈에 빠지게 되었는지 설명하는 것은 게임 속 세계를 규명하는 첫걸음이다. 플레이어는 이 혼돈의 세계를 바로잡을 유일한 영웅이다. 플레이어가 임무를 완수하면 세상은 평화를 얻게 되고 게임은 종료된다.

주인공은 나야, 나!

수많은 게임학자가 게임을 다른 미디어와 달리 바라보며 주목하는 이유는 바로 게임의 주인공이 플레이어라는 점에 있다. 소설이나 영화 같은 올드 미디어와 달리 게임은 플레이어의 개입 없이는 서사가 진행되지 않는다.

이런 특성 때문에 연구자들은 게임이 등장하기 이전과 이후를 구분하여 게임 이전 시대를 '일방향 스토리텔링의 시대', 게임 이후 시대를 '쌍방향 스토리텔링의 시대'라고 부른다. 일방향 스토리텔링에서 이야기는 작가의 손으로 완성된다. 독자 혹은 관객은 작가가 창작한 이야기를 바꿀 수 없다. 범인이 누구인지 알고 있어도 곤란한 상황에 처한 주인공의 이야기를 가슴 졸이며 지켜볼 수밖에 없다.

하지만 쌍방향 스토리텔링이 가능한 시대가 오자 작가와 독자의 역할에도 변화가 생겼다. 작가인 게임 개발자는 기본적인 서사와 여러 갈래의 구조를 창작하는 역할을 수행한다. 독자인 플레이어는 개발자가 제공하는 수많은 서사 중에서 취향껏 다음 이야기를 선택하여 자신만의 독창적인 스토리를 만들어 간다. 플레이어의 선택지가 많아질수록 완성되는 스토리는 더욱 다양해지고, 같은 스토리가 완성될 확률은 점점 적어진다. 플레이어가 이제 창작자의 자리에 있던 권위를 나눠 가지게 된 것이다.

플레이어는 제2의 창작자가 되어 자신만의 이야기를 써 내려

간다. 만약 플레이어가 선택하지 않거나 게임을 하지 않는다면
스토리는 더 이상 진행되지 않고 중단된다. 게임은 미디어를 소
비하는 문화에서 경험하는 문화로 바꾸는 데 크게 기여했다.

게임을 완성하는 스토리의 힘

플레이어는 스토리를 통해 게임이라는 작은 우주를 통과한다. 게임의 스토리는 기반적 스토리, 퀘스트 스토리, 우발적 스토리로 나눌 수 있다. 예측할 수 있는 스토리와 예측할 수 없는 스토리를 통해 게임이 단순한 놀이를 넘어 어떻게 거대한 스토리텔링의 미디어가 되었는지 살펴보자.

매력적인 게임을 만드는 기반적 스토리

게임의 기반적 스토리는 오프닝 시퀀스^{opening sequences}나 엔딩 시퀀스^{ending sequences}, 그리고 컷신^{cut scene}에서 나타나는 스토리텔링의 유형을 말한다. 기반적 스토리는 올드 미디어가 그랬던 것처럼 게임 개발자들이 완전히 창작한 스토리의 형태를 지니고 있다.

특히 오프닝 시퀀스는 플레이어가 게임 세계에 처음 발을 내딛는 순간, 세계관과 분위기를 소개하며 강렬한 첫인상을 남긴다. 잘 만들어진 컷신은 저마다의 선택으로 다양해진 플레이어들의 이야기를 개발자들이 설계한 중심 스토리로 자연스럽게 연결해 주는 역할을 한다. 플레이어들은 컷신을 통해 게임 세계에서 중요한 사건과 변화를 전달받으면서 더 깊은 유대감을 가지게 된다. 엔딩 시퀀스는 플레이어의 여정을 마무리하여 스토리를 끝맺는 데 중요한 요소이다.

잘 설계된 오프닝 시퀀스와 컷신, 그리고 엔딩 시퀀스는 단순한 장면이 아니라 게임의 감정적·예술적 완성도를 높이는 역할을 한다. 이런 이유로 개발사는 종종 개발팀 안에 시네마틱 영상팀을 별도로 꾸려 영화나 애니메이션에 버금가는 수준의 영상들을 만든다. 이 영상들은 방송에서 스트리머가 게임을 설명하고 분석하는 데 적극적으로 활용하는 소스가 된다. 스트리머는 종종 게임의 기반적 스토리들을 묶어서 게임에 담긴 의도를 파헤치는 콘텐츠를 만들어 플레이어들의 이목을 끈다.

플레이어를 움직이는 퀘스트 스토리

퀘스트는 게임을 다른 미디어와 구분 짓는 핵심 요소이다. 퀘스트는 플레이어가 게임에 적극적으로 개입하여 실제 스토리를 만들어 가는 주인공으로 활약하고 있음을 보여 주는 밑바탕이 된다. 일반적으로 플레이어는 퀘스트를 통해 게임 세계를 탐험하고 알아 간다.

컴퓨터 게임이 등장하면서 퀘스트는 플레이어가 게임에서 부여한 목적을 완수하기 위해 공간을 이동하면서 도전하고 어려움을 극복

하는 과정을 일컫는 용어로 사용되고 있다. 이는 게임이 이야기 예술의 진화로 해석될 수 있음을 보여 주는 근거가 되기도 한다.

퀘스트에 대한 연구는 2000년대 게임 연구가 활짝 꽃을 피우면서 활발하게 진행되었다. 구조적으로 퀘스트는 세 단계로 이루어져 있다. 게임에서 플레이어는 퀘스트를 받고 수행하고 완료한다. 퀘스트를 받을 때 플레이어는 이를 수락할 것인지 아니면 거절할 것인지 선택할 수 있다. 또한 퀘스트를 수행하는 과정에서 플레이어는 임무 완수에 성공하거나 포기 혹은 실패라는 결과에 맞닥뜨린다. 플레이어는 모든 갈림길에서 스스로 선택하기 때문에 개발자들이 만들어 놓은 퀘스트의 개수는 동일하더라도 플레이어가 경험하는 퀘스트는 각기 다르다. 따라서 플레이어의 성향이나 수행 능력에 따라 수천수만 가지, 아니 무한대에 가까운 서사가 만들어진다.

퀘스트는 플레이어에게 공간 탐색과 확장의 기회 또한 제공한다. 플레이어가 경험하는 최초의 공간은 캐릭터가 태어난 하나의 지점spot에 불과하다. 플레이어는 게임을 하는 동안 더 넓은 공간을 탐험하며 미지의 세계를 자신의 것으로 만드는 경험을 한다. 퀘스트 기버Quest Giver는 플레이어에게 특정 지역으로 이동하여 몬스터를 물리치거나 물건을 전달하거나 마법에 필요한 재료를 채집해 오라고 주문한다. 그렇기 때문에 퀘스트를 수락하면 플레이어는 원래 있던 곳과 다른 곳으로 이동하게 된다. 플레이어는 퀘스트를 수행하면서 자연스럽게 세계를 확장하고 새로운 공간을 경험한다.

퀘스트는 게임 규칙과 서사를 이해하는 과정이기도 하다. 플레이어는 퀘스트를 하나씩 수행하면서 게임 세계가 직면한 문제 상황을 깨닫고, 레벨 업이라는 성장의 과정을 경험한다. 동시에 자신만의 스토리를 만들어 간다. 플레이어가 퀘스트를 수행하는 순간이 바로 게임에 최고로 몰입하는 순간이라는 데는 이견이 없다.

플레이어의 레벨에 맞게 잘 설계된 퀘스트는 플레이어에게 몰입감을 주고 게임을 계속 즐길 수 있도록 돕는다. 그뿐 아니라 게임 서사가 전체적으로 자연스럽게 이어지는 데에도 기여한다.

개발자의 상상을 뛰어넘는 우발적 스토리

게임 세계를 구성하는 마지막 스토리텔링의 유형은 바로 플레이어들이 만드는 우발적 스토리이다. 기본적으로 게임 서사는 플레이어들이 개별적으로 만들어 가는 형태를 지닌다. 어떻게 갈라지느냐에 따라 서사가 각기 달라지는 것이다. 하지만 개별 서사도 사실 개발자가 설계한 범위 안에서 만들어지기 때문에 어느 정도 예측하고 통제하는 것이 가능하다.

하지만 게임 플레이 중에는 개발자의 상상을 뛰어넘는 우발적 스토리들이 종종 등장한다. 플레이어들은 정해진 규칙이나 시스템과는 상관없이 플레이를 하면서 자신만의 서사를 쌓아 간다. 그 대표적인 예가 바로 〈리니지 2〉에서 일어난 '바츠해방전쟁'이다.

게임을 좋아하는 사람이라면 한 번쯤 들어 봤을 '바츠해방전쟁'은 일반 플레이어들이 거대 지배 혈맹의 독재에 맞서 그들의 권력을 무너뜨린 사건이다. 단순한 게임 내 사건을 넘어서 게임이 또 하나의 사회라는 점을 일깨우며 플레이어가 주도하는 게임 서사가 무한히 뻗어

바츠해방전쟁

〈리니지 2〉의 바츠 서버는 오랫동안 4개의 혈맹이 연합해 플레이를 지배하다시피 했다. 이들 지배 혈맹의 독재와 탄압 그리고 세금 인상에 일반 플레이어들은 불만을 넘어 분노를 품게 되었다. 이에 여러 소규모 길드와 개인 플레이어들이 점차 연합군을 형성하면서 본격적인 저항이 시작되었다. 4년에 걸친 여러 차례의 전투 끝에 연합군은 지배 혈맹을 무너뜨리는 데 성공했다.

2011년 엔씨소프트에서 선보인 바츠해방전쟁 아트 컷.
© NCSOFT Corporation. All Rights Reserved.

나갈 수 있음을 보여 준 사례로 남았다.

이 외에도 〈월드 오브 워크래프트〉의 '리로이 젠킨스^{Leeroy Jenkins}' 사건에서 우발적 스토리의 사례를 찾아볼 수 있다. 검은바위 첨탑이라는 던전 상층에서 효과적인 공략을 위해 전략을 짜고 있던 파티원과 달리, 리로이 젠킨스라는 플레이어가 갑자기 자신의 이름을 외치며 던전을 향해 돌진하면서 벌어진 사건이다. 그의 무모한 돌격은 파티원들의 전멸로 이어졌고, 이 사건을 녹화한 영상이 유튜브에 공개되면서 플레이어 사이에서 '리로이 젠킨스'라는 이름을 외치는 인터넷 밈이 만들어졌다.

사실 이 사건들은 게임 개발자들이 생각하고 있던 메인 스토리와는 관계없이 우연히 벌어진 것이었다. 게임의 자유도와 플레이어들의 창의성이 게임을 얼마나 독창적이고 유쾌하게 바꿀 수 있는지를 보여 준 사례라 할 수 있다. 특히 〈월드 오브 워크래프트〉의 제작사인 블리자드^{Blizard}는 이 사건의 인기를 반영해서 게임 내에 '리로이 젠킨스'라는 업적과 특별 아이템을 만들어 업데이트했다. 플레이어들이 만들어 가는 스토리의 중요성과 가치를 개발사가 인정하고 그 흐름에 기꺼이 함께한 것이다.

이 두 사건 외에 지금도 수많은 게임에서 우발적 스토리가 만들어지고 있다. 플레이어는 게임의 규칙과 시스템을 존중하기도 하지만 그것을 뛰어넘어 자신만의 이야기를 만들고자 하는 욕망으로 가득한 존재이기 때문이다.

레벨 디자인과 뽑기의 진실

레벨 디자인Level Design은 게임의 난이도와 공간을 디자인하는 것을 말한다. 플레이어가 자신의 욕구를 적절히 충족할 수 있도록 배경, 기능, 오브젝트, 비주얼 이미지, 사운드, 트리거, 몹, 논플레이어 캐릭터NPC, 플레이어 동선, 드롭템droptem, 학습 곡선, 보상 곡선, 휴식과 긴장의 리듬 등을 정하여 플레이어의 활동 공간을 설계하는 행위라 할 수 있다.

몰입, 그게 뭐야?

게임에 레벨 디자인이 왜 필요할까? 결론부터 말하자면 레벨 디자인은 플레이어가 게임에 몰입하여 헤어나지 못하게 하는 역할을 한다. 즉 지속적인 플레이를 유도하는 핵심 장치라 할 수 있다. 레벨 디자인이 잘된 게임일수록 플레이어는 게임을 중간에 멈추기 어렵다.

미국의 심리학자 미하이 칙센트미하이는 인간의 행복과 성취감을 평생 연구했다. 그가 관심을 기울인 주제는 '행복과 성취감은 어느 순간 발생하는가' 그리고 '한번 발생한 이 감정들을 지속적으로 유지할 수 있는 방법은 없는가'였다. 그는 이 해답을 몰입 개념에서 찾으려고 했다.

몰입은 우리가 어떤 일에 완전히 빠져들어 시간 가는 줄 모를 때 일어난다. 마치 물이 흘러가듯 자연스럽게, 그리고 즐겁게 어떤 일에 집중하게 되는 상태인 것이다. 게임을 할 때도 마찬가지이다. 게임 속 세상에 푹 빠져서 현실을 잊어버릴 때, 그때가 바로 게임에 몰입하는 순간이다. 플레이어는 레벨을 올리기 위해 퀘스트 수행에 온 힘을 다하느라 모든 근심과 걱정이 사라지는 경험을 하게 된다. 원하는 대로 캐릭터를 움직이고 게임 세계를 탐험하면서 플레이어는 자신이 모든 것을 통제하고 있다는 느낌을 받는다.

몰입을 일으키기 위한 가장 중요한 조건은 플레이어의 숙련도와 능력을 정확히 분석하고, 그에 적합한 도전 과제를 주는 것이다. 예를 들어 플레이어의 스킬이 낮은데 상대할 몬스터의 능력치가 너무 높다면 플레이어는 두려운 마음이 들어 몬스터와 싸우려 하지 않을 것이다. 반면 플레이어의 스킬은 높은데 몬스터가 흔히 말하는 '쪼렙'이라면 플레이어는 전투에 지루함을 느끼게 될 것이다. 따라서 도전 과제는 플레이어의 스킬과 비슷한 수준에서 정해지고 주어져야 한다.

이처럼 플레이어와 도전 과제의 수준을 비슷하게 유지해 몰입을 이어 가게 하는 방법이 바로 레벨 디자인이다. 효과적인 레벨 디자인은 플레이어가 성장하는 순간마다, 즉 레벨이나 능력치가 높아질 때마다 상태를 확인하고 그에 맞는 퀘스트와 몬스터를 준비하는 것이다. 게임이 계속해서 새로운 것을 보여 주고 게임 안에서 예측할 수 없는 일들이 일어날 때 플레이어는 게임에 더욱 몰입하게 된다.

게임을 통해 얻는 보상도 큰 동기 부여가 된다. 레벨이 올라가거나 새로운 아이템을 얻을 때 느끼는 짜릿함은 플레이어가 게임을 계속하도록 이끈다. 또한 게임의 배경 음악, 캐릭터 디자인, 효과음 등도 플레이어의 감각을 자극하고 게임에 더욱 몰입하게 하는 핵심 요소이다.

게임이 주는 몰입은 플레이어에게 즐거움을 선사하지만 동시에 중독으로 이어질 수 있는 위험성도 안고 있다. 게임 중독은 게임에 지나치게 몰입함으로써 생겨난다. 이 경우 학교 공부, 사회생활, 교우 관계, 건강 등 다양한 영역에서 문제를 일으킬 수 있다. 게임 중독의 위험성을 줄이기 위해서는 과몰입을 부르는 게임의 특성을 명확하게 이해하고, 이를 통해 게임을 절제하는 능력을 키우는 것이 중요하다. 그래야 건강하고 즐겁게 게임을 계속할 수 있다.

확률형 아이템, 몰입과 중독 사이

레벨 디자인이 플레이어의 몰입을 유도하고 지속적인 플레이를 이끌어 내는 핵심 요소라는 것은 부정할 수 없는 사실이다. 하지만 게임 산업의 성장과 함께 레벨 디자인과 깊은 관련이 있는 '확률형 아이템'이 등장하면서 새로운 문제점들이 나타나고 있다. 확률형 아이템은 플레이어의 몰입을 극대화하는 도구이지만, 중독을 불러일으키고 게임 산업의 건전한 발전을 해치는 요소이기도 하다.

> **몰입과 중독의 차이**
>
> 몰입과 중독은 겉보기에는 비슷해 보이지만 그 본질은 하늘과 땅 차이다. 몰입은 자발적이고 통제 가능한 상태이며 개인의 성장과 발전에 도움을 준다. 반면 중독은 어떤 생각이나 감정에 사로잡혀 일상생활을 어렵게 만들고 개인의 건강과 사회성을 해칠 수 있다.

확률형 아이템은 일종의 '뽑기'나 '랜덤 박스'이다. 인기 있는 모바일 게임에서는 희귀한 캐릭터를 얻기 위한 뽑기 이벤트를 하는 경우가 많다. 문제는 무엇이 뽑힐지 모른다는 데 있다. 누구나 부러워하는 고가의 아이템이 나올 수도 있지만 꽝이 나올 수도 있다. 무작위로 지급되는 아이템은 플레이어에게 반복적인 뽑기를 유도한다는 점에서 문제를 가지고 있다. 사실 게임 아이템은 퀘스트 수행이나 전투 승리 등 플레이어의 노력을 통해 얻는 보상이라는 특징을 가지고 있었다. 그렇기에 플레이어의 성장과 게임 진행에 직접적인 영향을 미치는 요소로 자리매김했다. 예를 들어 RPG에서 몬스터를 잡고 얻은 경험치로 레벨을 올리고 강력한 무기를 얻는 것은 당연한 일이었다. 마치 학교에서 열심히 공부해서 좋은 성적을 받는 것과 마찬가지로 말이다.

시간과 노력을 투자하여 얻는 만큼 플레이어는 자신이 받게 될 아이템의 종류와 기능을 그 전부터 명확히 알고 있었고, 스스로 선택이라는 행위를 했다. 특히 게임 내 화폐를 사용해서 아이템을 구매하는 것도 미리 그 성능과 가치를 충분히 비교하고 선택하는 과정이었기 때문에 몰입을 높여 주는 대표적인 시스템 중 하나였다.

하지만 확률형 아이템이라는 새로운 유형이 등장하면서 아이템의 개념이 변화하기 시작했다. 확률형 아이템은 '운'에 따라 획득 결과가 결정된다. 플레이어의 의지나 선택은 아무런 힘이 없다. 마치 도박처럼 운에 맡겨진 확률형 아이템은 무엇을 얻게 될지 모른다는 불확실성을 안고 있다. 그럼에도 행운을 거머쥘 수 있다는 기대감으로 플레이어들은 확률형 아이템에 강한 흥미를 느끼며 빠져든다. 그리고 지나친 몰입은 결국 중독으로 이어지게 된다.

확률형 아이템은 게임 개발사에 안정적인 수익을 가져다준다는 장점이 있다. 개발사는 이 수익으로 새로운 게임 개발에 투자할 기회를 얻는다. 하지만 플레이어에게 확률형 아이템은 원하는 것을 얻기 위해 얼마나 많은 돈을 써야 할지 알 수 없는 경제적 부담으로 이어진다. 특히 같은 금액이더라도 얻게 되는 아이템의 가치가 다르기 때문에 플레이어 간의 불평등 문제를 낳을 수 있다. 아이템 구매가 게임의 승패를 결정하게 될 경우에는 균형이 무너져 플레이어의 이탈이라는 결과를 불러올 수도 있다.

확률형 아이템은 레벨 디자인과 밀접한 관련이 있다. 레벨 디자인은 플레이어의 몰입을 유도하기 위해 다양한 요소를 활용하는데, 확률형 아이템이 이런 요소 중 하나이다. 예를 들어 특정 레벨에서만 획득할 수 있는 희귀 아이템을 확률형 아이템으로 디자인한다면 플레이어는 이 아이템을 얻고자 뽑기를 반복할 것이다. 또한 결과적으로 원하는 아이템을 얻게 된다면 플레이어는 강한 성취감을 느낄 것이다.

확률형 아이템을 무분별하게 도입하는 것은 오히려 게임의 균형을 깨뜨리고 플레이어의 몰입을 방해할 수 있다. 확률형 아이템에 의존하게 되면 게임의 재미가 아이템 획득에만 집중될 수 있기 때문이다. 또한 개발사 입장에서 확률형 아이템이 주요 수익원이 되면 수익 극대화에 초점을 맞추어 게임의 질을 떨어뜨리는 선택을 하게 될 수도 있다. 확률형 아이템은 장기적으로 볼 때 게임 산업의 건전한 성장을 망치는 지름길인 셈이다.

장르와 플랫폼을 넘어 축제로

영화에 드라마, 코미디, 액션처럼 다양한 장르가 있듯이, 게임에도 여러 장르가 있다. 액션 게임을 좋아하는 플레이어는 빠르게 움직이며 적을 물리치는 것에서 짜릿함을 느끼고, 퍼즐 게임을 좋아하는 플레이어는 머리를 써서 문제를 해결하는 것에서 성취감을 얻는다. 게임을 즐기는 방법도 여러 가지이다. 스마트폰으로 언제 어디서든 시간을 내어 간편하게 즐길 수 있는 모바일 게임부터 커다란 화면으로 생생하게 즐기는 콘솔 게임, 그리고 다른 사람들과 함께 전략을 짜고 수다를 떨며 즐기는 PC 게임까지 기기에 따라 게임을 즐기는 방식도 다양하고 느끼는 재미도 다양하다.

게임의 DNA, 장르

장르란 무엇인가? 장르는 단순히 게임을 분류하는 틀이 아니라 게임의 DNA와도 같다. 마치 영화가 드라마, 코미디, 액션 등으로 나뉘듯 게임 역시 RPG, 액션, 1인칭 슈팅, 퍼즐 등 다양한 장르로 분류된다. 이러한 장르는 게임의 중심을 이루는 요소들과 규칙, 플레이 방식, 그리고 플레이어가 느끼는 재미와 아름다움을 바탕으로 비슷한 성질을 지닌 게임끼리 묶어 놓은 것이다.

장르 체계는 게임을 이해하는 데 도움을 준다. 장르가 게임의 목표부터 플레이 방식, 세계관까지 게임을 둘러싼 모든 측면에 영향을 미치기 때문이다. 예를 들어 액션 게임은 빠른 속도감과 화려한 연출을 통해 짜릿한 쾌감을 제공하는 것이 목표이며, 그에 따라 플레이어는 끊임없이 움직이고 공격하며 적을 물리쳐야 한다. 퍼즐 게임은 논리적인 사고력과 문제 해결 능력을 요구하며, 플레이어는 주어진 조건에 따라 퍼즐을 풀어 나가는 과정에서 성취감을 느낀다.

따라서 장르는 플레이어에게 선택의 기준을 제공한다. 수많은 게임이 쏟아져 나오는 현실에서, 플레이어는 좋아하는 장르의 게임을 선택함으로써 자신에게 맞는 게임을 빠르게 찾을 수 있다. 예를 들어 RPG는 스토리를 따라가면서 캐릭터를 성장시키고 다양한 세계를 탐험하는 데 가장 큰 재미가 있다. 이러한 특징은 RPG 장르라면 대부분 가지고 있는 것이며, 플레이어들은 이러한 특징이 잘 녹아들어 있기를 기대하며 게임을 선택한다.

플레이어가 장르를 통해 게임을 선택하는 까닭은 장르가 플레이어의 기대감을 형성하기 때문이다. 한 장르에 속하는 게임들이 서로 비슷한 특징을 가지고 있다는 것은 장르에 대한 기대감으로 이어진다. 플레이어들은 특정 장르의 게임을 하면서 그 장르에 속한 다른 게임들에서도 비슷한 경험을 하길 바란다. 이러한 기대감은 플레이어들이 새로운 게임을 고르는 데 중요한 동기가 된다.

장르는 게임 개발자에게는 창작과 개발의 방향이 되어 준다. 게임 개발자들은 장르를 선택하고, 그 장르의 특징을 충실하게 구현함으로써 플레이어들의 기대치를 충족하고자 한다. 이때 해당 장르의 게임을 좋아하는 플레이어들의 생각과 태도, 플레이 방식을 이해할 수 있는 데이터를 충분히 확보한다면 흥행에 성공하는 게임을 만들 수 있다.

하지만 기존 게임들과 지나치게 비슷한 게임을 만들면 오히려 새롭지 않아 흥행에 성공하기 어렵다. 그렇기 때문에 장르에 새로운 요소를 더하거나 여러 장르를 섞는 등 전략이 필요하다. 장르는 이처럼 단순히 게임을 나누는 데 그치는 것이 아니라 게임의 성공과 발전으로 이어진다고 할 수 있다.

다양한 플랫폼으로의 초대

장르가 게임을 이루는 요소를 기준으로 구분한 것이라면 플랫폼에 따라 게임을 나눌 수도 있다. 플랫폼은 게임을 하는 기기로 분류된다. 대표적으로 PC 플랫폼, 콘솔 플랫폼, 모바일 플랫폼, VR 플랫폼 등이 있다.

PC 플랫폼은 가장 오래되고 다양한 게임을 할 수 있는 곳이다. 기술이 발전함에 따라 컴퓨터의 사양이 점점 높아지면서 고품질 그래픽으로 더욱 생생하고 현실 같은 게임을 즐길 수 있게 되었다. 플레이어들이 만든 콘텐츠나 기능, 커뮤니티 등 게임을 더욱 풍성하게 해 줄 활동도 많아졌다. 오늘날 사람들은 스팀, 오리진 등 다양한 플랫폼을 통해 게임을 자유롭게 구매하고 내려받는다.

콘솔 플랫폼에서 콘솔은 플레이스테이션, 엑스박스, 닌텐도 스위치와 같은 게임 전용 기기를 말한다. 게임을 목적으로 만들어진 장치이기 때문에 모든 기능이 플레이에 최적화되어 있다. 따라서 콘솔 플랫폼에서는 편리한 조작과 고품질 그래픽을 제공하며, 텔레비전과 연결하여 큰 화면으로 게임을 즐길 수 있다.

모바일 플랫폼은 스마트폰이나 태블릿 PC를 통해 언제 어디서든 게임을 즐길 수 있는 곳이다. 무엇보다 간편하게 들고 다니면서 게임을 할 수 있기 때문에 시간 활용이라는 측면에서 가장 대중적인 플랫폼 중 하나이다. 저렴한 가격도 큰 장점 중 하나다.

VR 플랫폼은 전용 헤드셋을 쓰고 가상의 공간에서 게임을 즐기는 곳이다. 시각적으로 현실을 모두 차단하고 게임 세계만을 보여 주기 때문에 몰입감이 높다. 하지만 고가의 장비와 콘텐츠 부족, 위생 문제와 어지럼증 같은 한계 탓에 아직 대중화되지 못한 상황이다. 반면 증강현실^{AR} 플랫폼은 현실 세계에 가상의 정보를 덧씌워 보여 준다. 요즘은 스마트폰 카메라를 통해 누구나 쉽게 AR 게임을 즐길 수 있다. 〈포켓몬 고〉와 같은 게임이 대표적이다.

흥미로운 점 중 하나는 나라에 따라 선호하는 플랫폼이 다르다는 것이다. 우리나라는 PC 플랫폼과 모바일 플랫폼의 이용이 두드러진다. 기술 개발 속도가 빠르고 인터넷이나 스마트폰의 보급률이 워낙 높아 온라인과 네트워크 기술을 바탕으로 하는 플랫폼 시장이 급성장한 덕이다. 반면에 미국은 콘솔 플랫폼을 이용하는 사람이 훨씬 많다. 인터넷이 전국 곳곳에 일정한 수준으로 보급되기 어렵기 때문이다. 콘솔 플랫폼은 전용 기기와 게임만 있으면 바로 즐길 수 있다는 것이 가장 큰 장점이다.

앞으로도 게임 플랫폼은 끊임없이 변화하고 발전할 것이다. 플랫폼 간의 경계 역시 허물어질 것이다. 5G 같은 네트워크 기술의 발전과 함께 클라우드 게임의 이용자가 늘어나고 VR, AR, 메타버스^{Metaverse} 기술이 더욱 고도화될 것이다. 이러한 변화는 게임 산업에 새로운 기회가 될 것으로 기대된다.

스마트폰으로 〈포켓몬 고〉 게임을 하는 모습.

개발자와 플레이어를 잇는 게임 행사

오늘날 게임이 엔터테인먼트 산업의 핵심적인 위치를 차지함에 따라 이를 반영하듯 세계 곳곳에서는 다양한 게임 관련 행사가 열리고 있다. 이런 행사는 게임 개발자, 플레이어, 투자자, 스트리머, 연구자 등이 한자리에 모여 지식을 공유하고 관계를 맺으며 새로운 유행을 살필 기회를 제공한다.

대표적인 예로 게임 개발자 회의GDC가 있다. GDC는 매년 미국 샌프란시스코에서 열리는 세계 최대 규모의 회의이다. 게임 개발에 필요한 모든 분야를 아우르는 다양한 강연, 워크숍, 세미나가 진행되며, 최신 게임 엔진, 개발 도구, 기술 등을 선보이는 전시회가 함께 열린다. GDC는 게임 개발자들에게 최신 기술을 배우고 동료들과 교류하기 위한 장소로, 관련 업계 사람들은 이곳에서 새로운 사업 기회를 얻을 수 있다.

국내 행사로는 매년 10월이면 부산에서 개최되는 아시아 최대 규모의 게임 전시회 지스타G-STAR가 있다. 지스타에서 국내외 게임 회사들은 새로운 게임을 공개하고, e스포츠 대회, 코스프레 대회 등 다양한 부대 행사를 진행한다. 게임 속 캐릭터로 꾸민 부부가 아이에게 게임 의상을 입혀 데리고 다니는 모습을 보거나 이렇게 코스프레를 한 사람들과 함께 사진을 찍는 것은 색다른 경험이 된다. 매년 회의도 진행되는데 국내에서 만나기 어려운 해외 게임 개발자들을 초청해 그들의 노하우를 직접 들을 수 있다.

2024년에 열린 GDC 현장.

게임 개발사가 주관하는 회의도 있다. 넥슨 개발 회의NDC는 넥슨의 게임 개발 노하우와 기술을 공유하는 자리이다. 2007년부터 시작된 이 행사는 프로그래밍, 아트, 기획, 사운드, 게임 사업 등 다양한 분야의 강연과 워크숍으로 이루어져 있다.

인디 게임을 좋아한다면 인디 게임 페스티벌을 추천한다. 인디 게임이 주인공이 되는 이 페스티벌은 개발자들이 자신들의 작품을 선보이고, 다른 개발자들과 교류할 수 있는 자리이다. 대형 게임 회사에서 만든 것과는 달리 개성 넘치고 독창적인 아이디어와 실험 정신이 돋보이는 인디 게임들을 만나 볼 수 있다. 우리나라에서는 2015년부터 매년 열리는 '부산 인디 커넥트 페스트벌BIC Festival'이 대표적이다. 국내에서 개최되지만 참가자의 50퍼센트 정도가 외국인이다. 인디 게임의 전 세계적인 흐름과 유행을 공부하기 좋은 기회라 할 수 있다.

그 외에도 미국 로스앤젤레스에서 열리는 일렉트로닉 엔터테인먼트 엑스포E3, 일본 도쿄에서 열리는 도쿄 게임쇼TGS, 독일 쾰른에서 개최되는 게임스컴Gamescom, 마인크래프트의 팬과 개발자들이 모이는 마인콘Minecon 등이 있다.

게임 행사는 새로운 유행을 파악하고 미래를 예측하며 게임 개발자들이 서로 교류하고 협력하는 기회를 제공한다. 또한 플레이어들이 다양한 게임을 체험하고 새로운 게임 문화를 경험하게 한다. 게임 산업의 성장을 돕고, 관련 산업과의 시너지 효과를 이끌어 내는 것은 물론이다. 전 세계에서 다양한 게임 행사가 열리고 수많은 사람이 참여하는 모습을 보면 게임이 몇몇 사람만 누리던 취미에서 대중문화의 중심으로 자리 잡았음을 알 수 있다. 게임은 이제 단순한 오락이 아니라 예술과 문화, 그리고 기술이 한데 모인 거대한 산업으로 여겨진다.

레벨 디자이너는 플레이어가 움직이는 공간을 구체적으로 설계하고 게임 플레이의 난이도를 조절하는 사람이다. 레벨 디자이너는 플레이어가 게임을 하면서 도전 의식을 북돋우고 그 과정에 자연스럽게 빠져들도록 게임 공간을 설계한다. 그렇기 때문에 플레이어가 어떤 상황에서 몰입감을 얻는지, 그리고 플레이 경험은 무엇인지를 잘 이해하고 있어야 한다. 동시에 유니티, 언리얼 등을 활용해 게임 플레이의 난이도를 조절할 수 있는 지식과 실력을 갖추어야 한다. 따라서 레벨 디자이너가 되려면 인문학적 사고와 게임 엔진 활용 능력을 모두 갖춘 융합형 인재가 되어야 한다.

게임의 콘셉트를 정하고 대략적인 장애물의 배치를 결정하는 것은 게임 디자이너기획자의 일이다. 레벨 디자이너는 기획자가 선택한 콘셉트와 설계에 따라 어떤 장애물을 어디에 어떻게 몇 개나 놓을지를 고민하여 결정한다. 이때 플레이어의 나이대와 플레이 시간, 플레이 방식 등에 따라 그 종류와 수는 달라진다. 레벨 디자이너는 플레이어의 성향이나 플레이 습관 등을 관찰하고 이해해야 한다. 레벨에 따라 게임이 흥미진진할 수도 있고, 금방 지루해질 수도 있기 때문이다.

게임의 공간 설계와 배치가 완료되고 나면 유니티나 언리얼 등과 같은 게임 엔진을 사용해서 설계한 레벨을 실제로 구현한다. 이때 레벨이 의도한 대로 잘 작동하는지 테스트하고 결과에 대한 피드백을 통해 수정·개선 작업을 하게 된다. 게임이 지나치게 어렵거나 쉽지는 않은지 확인하는 것도 레벨 디자이너의 일이다. 너무 쉽다면 플레이어를 공격하는 적의 수를 늘리거나 적의 공격력을 높일 수 있다.

이 모든 과정은 플레이어의 만족도를 끌어올리는 것을 목적으로 한다. 플레이 테스트와 데이터 분석을 통해 어떤 구간에서 플레이어가 어려움을 느끼거나 지루해하는지 파악하고 문제 해결을 위한 새로운 레벨 디자인을 진행한다. 게임의 균형을 해치지 않으면서 플레이어가 풍부한 게임 경험을 할 수 있게 하는 것이야말로 레벨 디자이너의 존재 이유이다.

프로게이머는 게임을 전문으로 하는 사람들을 뜻한다. 이들은 게임 대회에 나가 우승 상금을 타고, 소속 팀과의 계약을 통해 새로운 게임을 테스트하거나 홍보하면서 생계를 유지한다. 프로게이머에게 필요한 역량은 다양하다. 그중에서 가장 중요한 것은 높은 게임 이해도와 숙련도이다. 특정 게임에 전문성을 가지기 위해서는 게임의 세계관, 규칙, 각종 시스템의 작동 원리를 깊이 이해하고 꾸준히 연습해야 한다. 게임 안에서 벌어지는 다양한 상황을 예측하고 이에 대한 전략을 세우는 능력도 필요하다. 빠른 순발력과 조종 능력은 기본이다. 요즘은 프로게이머가 되기 위해 e스포츠 커리큘럼이 있는 고등학교나 대학교, 그리고 사설 아카데미 같은 교육기관에서 체계적인 훈련을 받을 수 있다.

팀에 소속된 프로게이머라면 다른 팀원들과 소통하고 협력할 줄 알아야 한다. 상대를 이해하고 단결과 화합을 이끌어 내는 리더십도 필요하다. 특히 오랫동안 집중해야 하는 훈련과 대회 일정, 그리고 경기 중 발생할 수 있는 실수나 스트레스를 극복하기 위한 정신력을 갖추는 것이 중요하다. 실제로 프로게이머들은 심리상담사의 도움을 받기도 한다. e스포츠에 대한 관심이 커지면서 프로게이머에게 외국어 실력, 콘텐츠 제작 능력 등도 요구되고 있다. 오늘날 프로게이머는 게임 업계의 인플루언서이자 아이돌이기 때문이다.

취미로 게임을 하는 플레이어와 직업으로 게임을 하는 프로게이머의 가장 큰 차이는 게임을 대하는 태도이다. 플레이어는 재미를 찾아 게임 세계를 자유롭게 누비는 반면, 프로게이머는 경기에서 좋은 성적을 내야 한다. 분명한 '목적'과 '책임감'을 가지고 훈련에 임해 경기에서 승리해야 하는 것이다. 팬, 소속 팀, 스폰서에 대한 책임도 막중하다. 성적이 좋지 않으면 팀에서 방출되거나 계약이 종료된다. 대중과 언론의 비판적인 시선도 견뎌 내야 한다.

프로게이머는 게임을 좋아하는 마음을 바탕으로 끊임없이 자신의 한계를 시험하며 그에 도전하는 사람이다. 그들은 단순히 게임을 즐기는 것을 넘어, 전문 지식과 실력을 갖추고 치열한 경쟁 속에서 자신을 증명한다. 부담이 큰 만큼 돌아오는 보람도 크고, 좋아하는 일을 직업으로 삼을 수 있다는 매력이 큰 직업이다.

게임 스트리머는 유튜브나 트위치 같은 플랫폼에서 게임을 중계하면서 팬들과 소통하는 사람이다. 게임 스트리머에게는 게임을 좋아하고 즐기는 마음뿐 아니라 넓은 관점에서 게임을 평가하는 통찰력이 필요하다. 자신만의 독창적인 게임 비평, 게임 개발 관련 일화 등 다양한 콘텐츠를 기획할 아이디어가 샘솟는다면 게임 스트리머에 도전해 봐도 좋다.

게임 실력이 없으면 안 되겠지만 높은 실력이 필요하지는 않다. 오히려 일반 플레이어들처럼 잘 죽고 실패하는 과정을 보여 줌으로써 공감대를 형성하여 인기를 끌 수도 있다. 게임 실력보다는 플레이 중에 댓글을 읽고 대답하는 순발력과 친화력이 더 중요하다. 게임과 관련된 다양한 이야기를 재미있게 풀어낼 수 있는 입담은 기본이다.

이 직업이 지닌 가장 큰 매력은 자유로운 창작 활동에 있다. 게임 스트리머는 스폰서나 팀이 없어도 자신만의 방식대로 방송을 내보낼 수 있다. 그러나 이 직업에도 어려움이 존재한다. 수익이 시청자 수와 조회 수에 따라 결정되기 때문에 스트리머는 새로운 콘텐츠를 꾸준히 만들어야 한다. 또한 악성 댓글에 시달리거나 사생활을 침해받을 수 있다. 따라서 이러한 위험으로부터 자신을 지키기 위해 강인한 정신력이 필요하다.

게임 스트리머라는 직업이 널리 알려지면서 이들을 돕거나 함께 일하는 직업들이 생겨나고 있다. 예를 들어 게임 스트리머의 일정을 관리하는 매니저, 방송을 더욱 다채롭고 안정적으로 만들어 주는 기획자와 엔지니어, 브랜드 이미지를 만들어 홍보하는 마케터 등이 있다. 저작권, 초상권, 계약 등 다양한 법적 문제를 도맡아 처리하는 관련 법률 전문가도 등장하고 있다.

게임 스트리머는 새로운 미디어 시대에 걸맞은 직업으로, 게임과 대중을 연결하며 창의적인 방식으로 가치를 만들어 낸다. 이들은 단순히 게임을 즐기는 것을 넘어 게임 문화를 확산시키고, 팬들과 교감하며, 새로운 엔터테인먼트의 가능성을 열어 나가는 데 중요한 역할을 하고 있다.

3장

게임과
첨단 기술의 만남

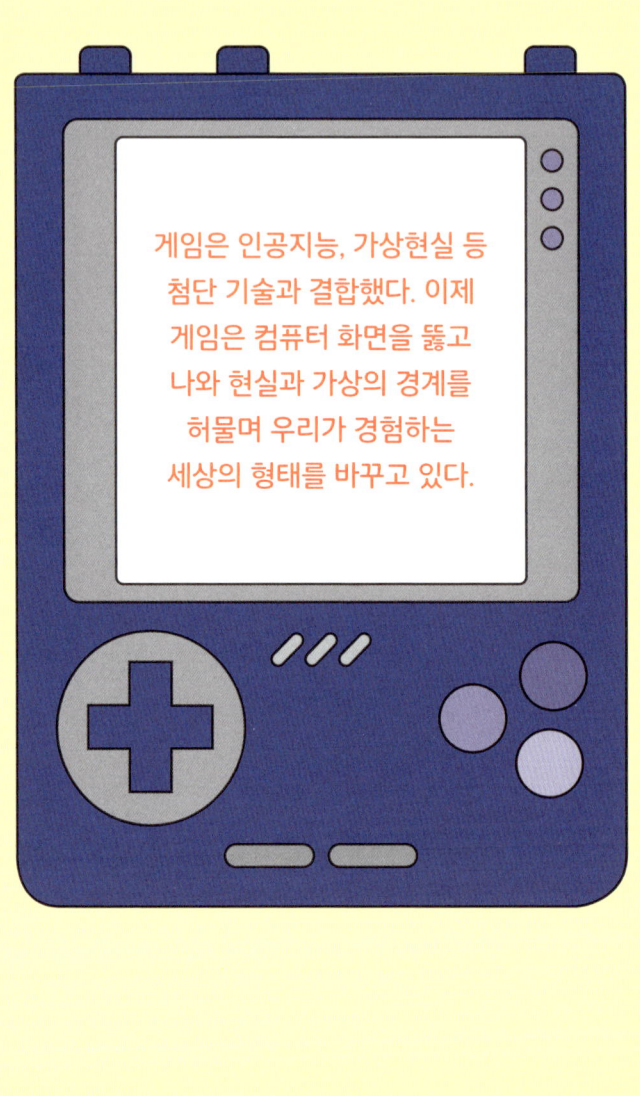

게임은 인공지능, 가상현실 등
첨단 기술과 결합했다. 이제
게임은 컴퓨터 화면을 뚫고
나와 현실과 가상의 경계를
허물며 우리가 경험하는
세상의 형태를 바꾸고 있다.

현실을 넘어선 메타버스의 등장

"메타버스 타고 학교 가자!"라는 말이 유행한 때가 있었다. '버스'라는 발음 때문에 생긴 표현이다. 그런데 사실 이 말이 아주 틀린 것은 아니다. 메타버스에서도 학교에서 배우는 수많은 지식과 능력을 학습할 수 있기 때문이다. 그뿐 아니라 다양한 친구들을 만나고 문화를 경험할 수 있다. 엄청난 양의 오락거리를 즐길 수도 있으니 메타버스는 이제 게임 위주의 디지털 공간이 아니라 현실 세계에서 하던 것을 모두 할 수 있고, 현실에서 하지 못한 것들도 할 수 있는 세계로 확장하고 있다.

메타버스, 제4의 벽을 깨뜨리다

인간은 미지의 공간을 탐색하고 정복하려는 본성을 가지고 있다.

인간이 태어나 처음 만나는 공간은 어디일까? 집? 병원? 엄마의 자궁? 아니다. 바로 자신의 몸이다. 손과 발을 한껏 뻗어 움직이고 냄새와 맛을 느끼고 보고 듣는 행위를 통해 인간은 자신이 어떻게 존재하는지 이해한다. 몸이야말로 인류가 마주하는 최초의 공간이다.

뒤집고, 일어나 앉고, 걷고 뛰면서 인간은 자연스럽게 자신의 세상을 넓히고자 하는 욕망을 가지게 된다. 그 예로 가 보지 못한 곳에 대한 궁금증을 풀기 위해 인류는 탈것을 만들어 미지의 공간을 탐색해 왔다. 콜럼버스의 신대륙 발견부터 달 탐사를 위한 우주선 개발까지 모두 공간을 확장하고자 하는 욕망에서 비롯된 것이다.

그런데 이러한 인간의 욕망은 실제 공간에만 머물지 않는다. 단테의 《신곡》을 통해 알 수 있듯이 인간은 저승, 연옥 등 존재하지 않는 공간도 탐색해 왔다. 이는 사이버 스페이스로까지 연결된다. 상상 속 공간은 이제 기술의 발전에 힘입어 컴퓨터 화면에 모습을 드러내고 있다. 보이지 않던 세상이 드디어 보이는 세상으로, 경험할 수 있는 세상으로 진화하는 것이다.

다만 아직 손으로 만질 수는 없다. 하지만 그렇다고 그 세상이 존재하지 않는다고 말할 수 있을까? 게임에 접속해 저마다의 서사를 만들어 가고 친구와 함께 모험을 떠나는 우리의 경험, SNS에서 소통하며 관계를 맺는 우리의 활동은 분명히 일어나고 있다. 오늘날 우리는 공기놀이, 고무줄놀이, '무궁화꽃이 피었습니다'를 하는 대신 컴퓨터에 접속해 〈어몽 어스〉, 〈마인크래프트〉, 〈브롤스타즈〉, 〈배틀그라운드〉를 하면서 놀이의 경험을 이어 나가고 있는 것이다.

메타버스는 초월을 뜻하는 메타meta와 세계를 뜻하는 유니버스universe를 합친 말이다. 현실을 초월한 가상 세계라는 의미로, 인류가 새로운 형태의 공간을 탐색하는 시작점이 되고 있다.

인터넷으로 연결된 세계에서 사람들은 물리적 제약을 뛰어넘어 전 세계와 긴밀하게 이어져 있다. 그리고 그 속에서 서로 정보를 교환하고 새로운 사회관계를 형성한다. 오늘날 웹사이트, 온라인 커뮤니티는 물리적 공간을 대체하는 디지털 공간으로 자리 잡았다. 하지만 이 공간은 여전히 2차원에 머물러 있어 마우스나 키보드 같은 장치를 통해서만 활성화된다. 다시 말해 물리적 공간과 떨어져 있다는 한계를 지니고 있다.

이런 의미에서 스크린을 '제4의 벽'이라고 한다. 이는 배우들이 무대에서 연기할 때 관객과 배우 사이에 실제로 존재하지는 않지만 관객이 끼어들 수 없고 무대 위의 배우가 관객 쪽으로 다가올 수 없는, 보이지 않는 벽을 말한다.

오랜 시간 견고하게 유지되어 오던 제4의 벽이 깨어지기 시작했다. 제4의 벽을 깨는 이유는 관객과 직접 소통함으로써 작품에서 나타내고 싶은 메시지를 전달하거나 스크린 속 인물이 현실 세

> **제4의 벽**
>
> 제4의 벽은 18세기 중엽 프랑스 연극에서 비롯되었다. 무대와 관객 사이에 존재하는 상상의 벽으로, 무대 위의 작품 세계와 무대 밖의 현실 세계를 나누는 경계이다. 이 벽은 배우들이 연기를 하거나 관객이 배우의 연기를 볼 때 의식하지 않고 몰입할 수 있도록 돕는 기능을 한다.

계를 인지하는 모습을 통해 현실감을 높이기 위해서다.

메타버스는 디지털 공간과 현실 공간을 분리하는 스크린의 형태에 변화를 줌으로써 제4의 벽을 깨는 시도를 한다. 그것이 바로 공간 컴퓨팅의 등장이다. 이 기술을 이용하면 공간 개념을 우리를 둘러싼 물리적 한계 너머 다차원 세계로 확장할 수 있다. 과거 인간은 자신의 몸으로 닿을 수 있는 공간만 탐험할 수 있었다. 하지만 이제는 디지털 공간과 현실 공간이 합쳐진 메타버스를 경험한다.

아이언맨 슈트로 보는 공간 컴퓨팅

공간 컴퓨팅Spatial Computing 기술은 가상 공간과 현실 공간의 단절을 해소하고 그 경계를 허무는 역할을 한다. 공간 컴퓨팅은 디지털 데이터를 물리적 세계와 결합해 인간의 경험을 3차원으로 확장하는 기술이다. 디지털 데이터가 입체적으로 재현되면 우리는 단순히 이것을 눈으로 보는 차원을 넘어서 실제로 그 공간 안에 있는 듯한 느낌을 받을 수 있다.

공간 컴퓨팅 기술이 일으키는 공간의 확장은 인간의 감각과 상호작용의 방식 자체를 바꾸는 수준에 이르렀다. 그야말로 새로운 형태의 공간을 경험하며 살아갈 수 있는 또 하나의 우주가 생겨나는 것이다.

공간 컴퓨팅 기술의 선두 주자는 애플과 마이크로소프트이다. 마이크로소프트는 홀로렌즈HoloLens를 통해, 애플은 비전프로Vision Pro를 통해 현실 세계와 디지털 콘텐츠를 혼합하는 혼합현실MR을 보여 준다. 이들은 모두 스키장에서 쓰는 고글과 유사하게 생겼다. 다만 VR 기기처럼 완전히 가상의 공간에 들어가는 것이 아니라 현실 세계 위에 3D 홀로그램을 겹쳐 보여 준다는 점에서 차이가 있다.

마블 영화 시리즈의 주인공인 아이언맨Iron Man이 입는 슈트가 공간 컴퓨팅 기술이 추구하는 MR의 대표적 사례이다. 아이언맨 슈트의 헬멧 안에는 MR을 가능하게 하는 디스플레이 장치가 장착되어 있다. 아이언맨은 이를 통해서 적의 위치와 움직임, 미사일의 경로를 분석하고, 슈트의 손상 정도와 같은 정보를 눈앞에서 확인할 수 있다. 덕분에 아이언맨은 효과적인 방어 전략을 세우고 적의 허점을 노려 공격에 성공한다.

홀로렌즈나 비전프로를 착용한 사용자들 역시 자신이 서 있는 공간을 중심으로 주변 환경을 스캔하면서 그 위에 디지털 콘텐츠를 배치한 정보를 받는다. 이 기기들을 사용하면 거실 소파에 앉아서 눈앞에 뜨는 화면으로 영화나 작업 중인 문서를 볼 수 있

공간 컴퓨팅 기술은 현실 공간 위에서 정보를 다룰 수 있게 한다.

다. 이는 기존의 컴퓨터 스크린에서 벗어나 물리적 공간 전체를 활용하여 어디서나 정보를 접하고 분석하고 결정할 수 있음을 의미한다.

공간 컴퓨팅에는 사용자가 있는 장소와 주변 환경을 정확하게 인식하고 물체의 크기나 거리를 정확하게 측정하는 기술이 필요하다. 3차원 공간을 스캔하고 정보를 어느 곳에 어떻게 배치해야 하는지 판단하는 것은 굉장히 복잡하고 정교한 기술이 필요한 작업이다. 특히 정보의 깊이를 파악하고 표현하는 것은 고차원의 기술에 속한다. 다수의 카메라를 통해 사용자의 시선, 머리의 움직임, 변화하는 주변 환경을 실시간으로 추적하고 그 데이터를 주고받는 기술도 필요하다.

데이터 작업이 끝났다면 유니티나 언리얼 같은 엔진을 활용해서 고품질의 3D 콘텐츠를 만들고 이미지로 표현한다. 그리고 눈앞에 이 가상의 이미지들을 띄울 수 있는 디스플레이 장치에 전달한다. 첨단 기술은 여기에 그치지 않는다. 사용자의 손동작과 음성을 인식하여 명령을 내릴 수 있도록 프로그래밍해야 한다.

현실 세계의 쌍둥이, 디지털 트윈

이처럼 기술은 나날이 새로워지고 있다. 그런데 우리가 꼭 살펴야 하는 것은 첨단 기술을 개발하려는 사람들의 생각과 비전이다. 기술적 관점에서가 아니라 가상 공간을 바라보는 인문학적 관점에서 그들이 어떤 의도로 기술을 개발하는지 파악하는 것이 중요하다.

오늘날 인류가 꿈꾸는 메타버스 공간은 현실 공간이 확장된 모습이자 현실과 함께 공존하는 디지털 트윈Digital Twin의 개념이다. 디지털 트윈은 현실 세계의 물체나 시스템을 완벽하게 복제한 가상 모델이다. 말 그대로 현실 세계의 쌍둥이다. 현실에서 할 수 있는 일들을 그대로 연결해서 메타버스에서도 할 수 있게 만들기 위해서는 디지털 트윈 기술이 뒷받침되어야 한다.

디지털 트윈은 일상생활뿐 아니라 다양한 분야에서 활용된다. 스마트 공장에서 디지털 트윈 기술을 활용하면 생산 과정을 미리 시뮬레이션으로 돌려 보고 효율성을 높일 수 있다. 신도시를 계획할 때도 도시 모델을 디지털 트윈으로 구축하여 교통 흐름을 분석하거나 재난에 대응할 수 있다. 이 기술은 의료 분야에서 더욱 효과적으로 활용된다. 수술이나 질병 진단, 의료 기술 연구에 필요한 사람의 장기를 디지털 트윈으로 구현한다면 충분한 시뮬레이션으로 큰 효과를 볼 수 있다.

이제 현실 세계와 가상 세계를 오가며 살아가는 미래를 피할 수 없다. 그렇기에 이 두 세계가 어떻게 공존하는 것이 좋을지를 고민해야 한다. 이런 고민 속에서 탄생한 것이 바로 메타버스이고 디지털 트윈 기술이다. 스크린 너머의 메타버스는 이제 현실과 가상 세계를 잇는 다리가 되어 우리를 기다리고 있다.

메타버스를 향한 염원

메타버스는 사실 최근에 갑자기 등장한 개념은 아니다. 1984년에 소설가 윌리엄 깁슨^{William Gibson}이 《뉴로맨서^{Neuromancer}》에서 '매트릭스^{matrix}'라는 단어를 처음 사용했다. 사이버 스페이스를 뜻하는 매트릭스는 오늘날 메타버스의 초기 형태이다.

《뉴로맨서》는 주인공인 케이스가 신경계 손상으로 해킹 능력을 잃고 사이버 스페이스로 다시 돌아가기 위한 이야기를 담고 있다. 여기서 인간의 신경망을 컴퓨터에 직접 연결해 사이버 스페이스로 들어가는 설정은 영화 〈매트릭스〉에 그대로 차용되기도 했다. 이 작품에서 매트릭스는 '빛과 데이터의 무한한 공간'으로 묘사되고, 인간이 자신의 신체적 제약에서 벗어나 현실에서는 하지 못했던 일들을 하는 모습을 보여 준다.

1991년에는 소설가 닐 스티븐슨^{Neal Stephenson}이 《스노 크래시^{Snow Crash}》에서 '메타버스'라는 개념을 처음 사용했다. 이 소설의 주인공 히로 역시 해커다. 그는 비루한 현실의 삶과 달리 메타버스 내에서는 번화가에 있는 멋진 집에서 산다. 그런데 어느 날 '스노 크래시'라는 디지털 마약이 메타버스 내에 퍼지게 된다. 그는 이 마약이 메타버스에서만이 아니라 현실 세계에 있는 사용자들에게도 영향을 미쳐 뇌를 망가뜨린다는 사실을 알게 된다. 소설은 마약과 관련한 음모를 파헤치는 이야기를 담고 있다.

오늘날 메타버스를 만드는 기업은 대부분 이 두 작품에 깊은 영향을 받았다. 소설뿐 아니라 일본의 애니메이션 감독인 호소다 마모루細田守의 〈썸머 워즈〉, 워쇼스키 자매의 〈매트릭스〉, 스티븐 스필버그Steven Spielberg의 〈레디 플레이어 원〉과 같은 영화도 미래 사회를 그리며 첨단 기술이 나아갈 방향을 보여 주었다.

　소설이나 영화 속에서만 볼 수 있었던 인간의 상상은 컴퓨터 와 웹을 바탕으로 한 메타버스의 등장을 통해 현실이 되고 있다. 대표적으로 2003년 린든랩Linden Lab에서 개발한 〈세컨드 라이프 Second Life〉는 상상의 영역에서 머물던 메타버스를 실제 세계로 표 현한 첫 사례이다. 〈세컨드 라이프〉에서는 게임, 교육, 세미나, 공 연, 여행, 패션쇼, 광고와 홍보 등 현실에서 할 수 있는 다양한 활 동을 그대로 경험할 수 있었다. 특히 현실에서는 모델이 아니지 만 〈세컨드 라이프〉 세계에서는 모델로 활동하는 등 다양한 정체 성을 실험해 볼 수 있다는 점에서 화제가 되었다.

　무엇보다 가상 화폐를 현금으로 바꿀 수 있다는 점이 현실과 연결된 새로운 경제 모델이라면서 큰 주목을 받았다. 실제로 한 중국계 독일인은 〈세컨드 라이프〉 안에서 부동산업을 통해 연 매 출 250만 달러약 33억 원를 벌어들였다. 가상 공간에서도 일을 하고 가치를 만들어 낼 수 있다는 것을 보여 준 사례라 할 수 있다. 이 후로 메타버스를 향한 사람들의 관심은 점차 높아졌다. 시간 낭 비이자 쓸모없다고 여겨졌던 메타버스에서의 활동이 생산적이 며 쓸모 있는 활동으로 새롭게 인식된 것이다.

〈세컨드 라이프〉에서 펼쳐진 가상 패션쇼.

이와 같은 활동은 오늘날 〈로블록스Roblox〉나 〈제페토ZEPETO〉, 〈게더타운gather.town〉, 〈포트나이트Fortnite〉, 〈더 샌드박스The sandbox〉, 〈마인크래프트Minecraft〉 같은 메타버스에서 이어지고 있다. 이 메타버스들은 각기 고유한 기능에 특화되어 있기는 하지만 모두 사용자들에게 새로운 경험을 제공하는 것을 목적으로 한다.

초창기 메타버스는 인간 육체의 덧없음과 한계에서 벗어날 수 있는 곳으로 여겨졌다. 인공두뇌학의 선구자인 마빈 민스키Marvin Minsky는 유기체인 인간의 한계에 얽매이지 않을 장소가 바로 메타버스라고 말했다. 사이버 스페이스 철학자라고 불리는 마이클 하임Michael Heim은 인간이 컴퓨터가 만들어 내는 세상에 빠지는 까닭을 실용적인 측면보다 정신적인 측면에서 살펴야 한다고 강조했다. 메타버스를 통해 마음과 영혼의 안식처를 찾을 수 있기 때문이라 보았던 것이다. 로봇공학자인 한스 모라벡Hans Moravec은 인간이 사이버 스페이스에서 불멸을 얻을 것이며, 그 결과 죽는 일이 없어질 것이라고 주장한다.

이처럼 초기 메타버스는 육체를 초월한 인간의 삶이 시작되는 곳, 영원한 삶과 부활의 가능성을 지닌 곳으로 여겨졌다. 현실 세계와 다른 관점에서 바란 모습들이라고 할 수 있다. 그러나 오늘날 메타버스는 현실과 다르거나 현실의 문제가 사라진 공간을 만들어 내는 데 그치지 않는다. 물론 메타버스가 육체를 초월하는 공간이자 리셋 버튼을 누르는 것처럼 국적, 사회적 지위, 권력, 재산, 인종, 성별 등을 모두 지우고 다시 시작할 수 있는 공간 인 것은 맞다. 하지만 메타버스는 단순히 현실 세계를 대체하는 공간이 아니다. 현실 세계와 직접 영향을 주고받을 수 있는 세계, 현실 세계의 확장으로 바라볼 때 메타버스를 제대로 마주할 수 있다. 메타버스는 실제로 존재하는 세계이고, 그 세계의 경험 또 한 진짜이기 때문이다.

AR과 VR 그리고 게임

만약 현실에서 마법사가 되어 주문을 외우거나 우주를 탐험하며 외계 생명체와 싸울 수 있다면 어떨까? 게임 속에서만 가능하다고 생각했던 이런 일들이 이제 AR과 VR 기술 덕분에 현실로 성큼 다가오고 있다. 오늘날 우리는 게임을 현실로 끄집어내기도 하고, 게임 속 세상에 우리가 직접 들어가기도 한다. 이 기술들이 만들어 내는 새로운 게임의 재미는 무엇인지 함께 살펴보자.

매직 서클을 파괴하는 AR

게임의 정의를 다시 한번 떠올려 보자. 요한 하위징아에 따르면 게임은 일상과 분리된 세계에서 일어나는 활동이다. 나름의 질서에 따라 돌아가는 그 세계는 특별한 규칙과 시스템의 지배를 받는다. 이처럼 게임을 일상과는 다른 마법 공간으로 보는 개념이 바로 매직 서클Magic Circle이다. '마법진'이라고도 하는 이 개념은 특별한 힘을 가진 공간을 떠올리게 한다.

마블 유니버스에서 차원의 문을 담당하는 영웅인 닥터 스트레인지가 사용하는 마법진을 떠올려 보자. 영화에서 마법진은 닥터 스트레인지의 강력한 능력을 시각적으로 나타내고 스토리 전개에 중요한 역할을 한다. 닥터 스트레인지는 이 마법진을 통해 다양한 차원으로 이동한다. 영화에서 마법진은 단순한 문이 아니라 시간과 공간을 초월하는 특별한 통로이다. 마치 비밀의 문을 여는 열쇠처럼 마법진은 닥터 스트레인지에게 무한한 가능성을 열어 준다.

닥터 스트레인지가 마법진을 통해 차원을 이동하거나 강력한 마법을 발휘하는 것처럼, 플레이어들은 게임 세계로 들어가는 순간 매직 서클을 경험하며 새로운 규칙과 질서에 따라 행동한다. 현실 세계에서 평화주의자였어도 게임 세계에서는 몬스터를 공격하지 않으면 스토리를 이어 나갈 수 없다. 폭력성을 가지고 있어서 전투를 벌이는 것이 아니라 싸우라고 만들어진 세계관이기 때문에 그 일에 충실할 수 있는 것이다.

게임 내에서 벌어진 일은 현실 세계에 아무런 영향을 미치지 않는다. 매직 서클로 분명한 경계가 그어지기 때문이다. 게임 속 매직 서클은 플레이어의 상상력을 자극하고 게임 세계에 대한 몰입도를 높이는 중요한 요소이다.

그런데 이런 매직 서클이 무너지고 있다. 바로 AR 기술 때문이다. 전 세계를 휩쓴 게임 〈포켓몬 고〉를 떠올려 보자. 〈포켓몬 고〉는 스마트폰을 이용해 현실 세계를 돌아다니며 포켓몬을 잡고, 다른 플레이어와 포켓몬을 교환하거나 싸우는 AR 게임이다. 게임이 가지고 있는 규칙과 플레이 방식은 수집과 채집을 주요 콘셉트로 하는 게임들과 다르지 않다.

〈포켓몬 고〉가 차별화 전략으로 취한 것은 바로 AR 기술이다. 즉 마법진의 개념을 현실 세계로 확장한 것이다. 플레이어가 스마트폰 화면을 통해 현실 세계를 비추면 마치 마법진을 통해 새로운 세계가 열리듯 포켓몬들이 나타난다. 이는 게임 속 포켓몬들이 우리가 숨 쉬고 있는 세상 속에 함께 살아가고 있다는 착각을 불러일으킨다. 학교 가는 길에, 내 방 침대나 책상 위에 포켓몬들이 등장한다. 현실과 가상의 경계가 무너지고 게임이 현실로 깊숙이 들어온 것이다.

〈포켓몬 고〉의 AR 기술은 위치 정보를 적극 활용한다. GPS를 이용해서 플레이어의 위치를 실시간으로 파악하고, 그 위치에 맞는 포켓몬을 등장시키는 것이다. 희귀 포켓몬을 잡기 위해 특정 지역으로 사람들이 몰려드는 현상은 전 세계적으로 화제가 되었다. 뉴욕 센트럴파크에 희귀 포켓몬이 자주 출몰한다는 정보가 전해지면서 공원은 사람들로 가득 찼고, 마치 축제 같은 분위기를 연출하기도 했다. 우리나라에서도 특정 지역에 등장하는 포켓몬을 잡기 위해 전국의 시외버스 표가 다 팔리는 사태가 벌어지기도 했다.

이처럼 〈포켓몬 고〉는 폐쇄적인 공간에서 게임을 하던 플레이어들을 밖으로 나오게 했다. 가상 세계와 현실 세계를 통합하여 사람들이 서로 만나 교류하는 기회를 제공하는 등 새로운 문화를 형성하는 데 기여했다. 이는 게임이 사람들을 연결하고 새로운 경험을 제공하며 현실과 가상의 경계를 허무는 혁신적인 매체임을 보여 준다.

이제 게임은 단순한 오락거리가 아니라 우리의 삶과 밀접하게 연결된 하나의 문화 현상으로 자리 잡았다. 게임은 앞으로도 더욱 발전된 기술과 함께 현실과 가상의 경계를 허물고, 우리에게 더욱 다양하고 풍부한 경험을 제공할 것이다. 게임은 매직 서클 내에서만 가능한 활동이 아니라 현실과 융합할 수 있는 세계로 나아가고 있다.

456억 원의 주인공이 되는 VR 게임

넷플릭스 드라마 〈오징어 게임〉에는 어마어마한 액수의 상금을 얻기 위해 목숨을 걸고 게임을 벌이는 사람들이 나온다. 게임에 참가한 사람들의 삶은 하나같이 힘겨웠다. 그럼에도 참가자 456명은 왜 목숨을 건 위험천만한 게임에 도전하게 되었을까? 아마도 '게임'이라는 단어가 주는 친근감과 안정감 때문이 아니었을까 싶다. 게임에서는 늘 죽었다 다시 살아나니까.

우리는 평소 쉽게 경험하지 못하는 일들을 소설, 영화, 드라마의 주인공을 통해 체험하고 만족스러워한다. 주인공이 처한 상황에 눈물을 흘리며 카타르시스를 느끼기도 한다. 게임이라는 미디어가 등장하면서부터는 다칠 걱정 없이 위험천만한 일들을 경험해 볼 수 있는 기회가 많아졌다. 게임은 플레이어가 개입하지 않으면 스토리 자체가 성립하지 않는다. 이 특징은 게임을 기존의 미디어와 구분하고, 플레이어가 더욱 생생한 경험을 할 수 있도록 이끈다.

기술이 발전하고 VR 게임이 등장하면서 플레이어가 주인공이 되는 경험은 더욱 강렬해졌다. VR 게임은 헤드 마운티드 디스플레이HMD라는 장치를 머리에 쓰고 현실 세계의 배경을 완전히 차단한 채로 이루어진다. 그렇기 때문에 실제로 VR 콘텐츠를 경험해 본 사람들은 이 기술이 주는 엄청난 몰입감 덕에 실제 게임에 참여하는 듯한 느낌을 받을 수 있었다고 말한다. 〈오징어 게임〉이 VR 게임으로 구현된다면 플레이어는 모두 주인공이 되어 로봇의 눈을 피해 '무궁화꽃이 피었습니다'를 할 수 있을 것이다. 실제로 자신의 몸을 움직여 가면서 말이다.

영화 '스타워즈' 시리즈의 스토리를 이어받은 VR 게임 〈베이더 이모탈Vader Immortal〉에서 플레이어는 무스타파 행성에서 활동하는 밀수업자이다. 플레이어는 우연히 다스 베이더의 계획에 휘말리면서 고대 유물인 브라이트 스타를 찾기 위한 모험을 떠난다. 그 과정에서 직접 다스 베이더의 훈련을 받으며 광선 검 기술을 연마하기도 한다. 플레이어에게 이 경험은 어떤 것과도 바꿀 수 없는 기쁨이 된다. '스타워즈' 시리즈를 사랑하는 팬이라면 더욱 그렇다. 눈앞에 다스 베이더가 존재하고, 다스 베이더와 대화를 나누고, 다스 베이더에게 훈련을 받을 수 있으니 말이다.

이런 몰입의 경험을 극대화하기 위해 게임 개발사들은 VR 컨트롤러를 게임에서 다루는 무기나 도구의 모양대로 만들어 제공하기도 한다. 그렇게 되면 플레이어는 진짜 장비를 손에 쥐고 움직이기 때문에 게임 속 상황을 실제 상황처럼 느낀다. 〈베이더 이모탈〉에서는 컨트롤러를 광선 검 모양으로 디자인하지는 않았지만, VR 1인칭 슈팅 게임에서는 총 모양의 컨트롤러를 통해 생생한 경험을 제공한다.

몰입의 함정을 벗어나라

AR과 VR 기술은 게임의 몰입감을 극대화하고 현실과 가상의 경계를 허물어 더 새로운 경험을 제공하지만 몇 가지 문제를 일으키기도 한다. 우선 현실과 가상의 경계가 모호해지면서 발생하는 혼돈이다. 매직 서클이 파괴되어 게임이 현실로, 현실이 게임으로 흘러든다 하더라도 게임의 규칙은 현실의 규칙과 다른 경우가 많다. 이럴 경우 사회적 갈등과 사고를 초래할 수 있다. 예를 들어 〈포켓몬 고〉의 경우, 포켓몬을 잡으려는 플레이어들이 몰려들어 특정 지역에 교통 체증이 일어나거나 사유지에 허락 없이 침입하는 문제가 발생하기도 했다. 포켓몬을 잡아야 한다는 게임 세계의 규칙을 우선시하다 사유지에 침입해선 안 된다는 현실 세계의 규칙을 무시한 것이다. 몰입감이 지나치게 높은 나머지 현실 감각을 잃는 'VR 몰입 증후군' 같은 문제도 있다. 현실을 완전히 차단한 상태에서 장시간 게임을 즐기면 고립감을 느끼거나 피로가 누적될 수 있다.

또한 윤리적 문제가 발생할 수 있다. VR 게임은 현실에서 겪기 힘든 극단적 상황을 체험할 기회를 준다. 그런데 이 과정에서 폭력적이거나 비윤리적인 경험을 강요할 가능성이 있다. 예를 들어 VR 콘텐츠로 구현된 전투 시뮬레이션 게임에서는 플레이어가 무기를 사용해 사람이나 생물체를 공격한다. 컨트롤러까지 실제 총이나 칼과 비슷하게 디자인되기 때문에 이런 행위를 반복적으로 경험하는 것은 도덕적 판단력을 떨어뜨릴 위험이 있다. 특히 가치관이 형성되는 청소년기에 이러한 콘텐츠를 접하면 폭력에 무감각해지는 부작용이 생길 수 있다.

이러한 문제를 해결하기 위해 게임 개발사의 윤리적 책임을 강화할 필요가 있다. 게임 개발사는 콘텐츠를 만들 때 플레이어에게 미칠 수 있는 영향을 철저히 고려해야 한다. 폭력적이거나 비윤리적인 행동을 장려하는 콘텐츠 대신, 사회적 상호작용을 돕고 긍정적 가치를 심어 주는 콘텐츠를 개발해야 한다. 또한 AR과 VR 기술이 적용된 게임을 개발할 때부터 이용자의 안전을 보장하는 시스템을 갖춰야 한다. 예를 들어 AR 게임은 위험 구역에서 작동하지 않도록 설정하거나, VR 장치는 일정 시간이 지나면 자동으로 알림을 보내 사용자가 휴식을 취하도록 유도해야 한다.

무엇보다 사용자 인식 개선을 위한 리터러시literacy 교육이 필요하다. 플레이어 스스로 AR과 VR의 특성을 이해하고 지나치게 몰입하거나 부적절하게 사용하지 않도록 사전에 예방하는 것이 중요하다. 플레이어 개개인이 기술의 한계를 인지하고, AR과 VR 게임을 적절히 활용하려는 노력은 물론이다. 장시간 게임을 피하고, 현실과의 균형을 유지하려는 마음을 가져야 한다. 또한 게임 내에서의 행동이 현실에 영향을 미칠 수 있음을 명심하고, 책임감 있는 태도로 게임을 즐겨야 한다.

데니스 와스컬Denis Wascul의 3P 이론은 게임 리터러시 교육에 매

> **리터러시**
>
> '글을 읽고 쓸 줄 아는 능력'으로, 문해력, 독해력이라고도 한다. 최근에는 사회가 복잡해짐에 따라 여러 상황을 이해하고 적절하게 대처하는 능력을 뜻하게 되었다. 특히 디지털 리터러시와 게임 리터러시는 디지털 세계와 게임 세계에서 올바른 정보를 가려내고 적절히 해석하는 능력을 말한다. 건강한 게임 문화를 위해 플레이어에 대한 리터러시 교육은 필수적이다.

우 유용하다. 3P는 개인Person, 페르소나Persona, 플레이어Player를 의미하는데, 이는 게임을 하는 세 가지 정체성을 가리킨다. 게임 외부에 있는 현실을 살아가는 개인의 정체성, 게임 내부에 있는 캐릭터 속 페르소나의 정체성, 그리고 페르소나를 조종하며 페르소나와 개인 사이를 조율하는 플레이어의 정체성이 바로 그것이다. 개인이나 페르소나는 그들이 존재하는 세계의 규칙과 질서에 맞게 반응하고 행동을 이어 가야 한다. 만약 자신이 머무는 세계의 규칙을 다른 세계로 가지고 나올 경우에는 문제가 발생한다. 게임 내에서 적을 죽이는 행위는 당연하게 받아들여지지만 게임 밖의 세계인 현실에서 누군가를 죽인다면 문제가 된다. 이런 일이 발생하지 않도록 플레이어의 정체성은 게임 세계와 현실 세계의 규칙을 구분하고 판단하는 역할을 한다.

마지막으로 정부와 관련 기관들도 AR과 VR 기술이 가져올 수 있는 문제를 예방하기 위한 법적 규제를 마련해야 한다. 예상되는 문제들을 시뮬레이션으로 여러 차례 돌려 기술 사용의 가이드라인을 정하고, 이를 위반할 경우에 책임을 묻는 제도를 하루빨리 도입해야 할 것이다.

AR과 VR 게임은 현대 기술이 만들어 낸 놀라운 경험의 세계이다. 그리고 앞으로도 기술의 발전이 기대되는 영역이다. 그러나 기술의 발전이 반드시 긍정적인 방향으로만 흘러가지는 않는다. 우리의 역할은 기술의 이점을 최대한 활용하면서도 그 때문에 발생할 수 있는 문제를 예방하고 해결하는 것이다. 윤리적 게임 설계와 사회적 규제, 사용자의 성숙한 태도가 조화를 이룰 때에야 비로소 AR과 VR 게임이 더욱 건강한 방향으로 나아갈 수 있다. 현실과 가상의 융합이 가져올 미래가 기대되는 만큼, 그 경계를 책임감 있게 다룰 줄 아는 지혜가 필요하다.

게임 속 인공지능의 진화

게임과 인공지능은 오랜 친구이다. 오늘날 대화, 이미지 생성, 자율주행 등 다양한 분야에서 인공지능이 주목받고 있지만 사실 게임이야말로 인공지능 기술을 초기부터 활발히 활용한 대표적인 분야이다. 과거 단순한 대사만을 반복하던 NPC부터 오늘날의 실시간 학습 알고리즘까지 게임은 인공지능 기술을 통해 점점 더 몰입감 있고 생동감 넘치는 경험을 제공하고 있다. 인공지능 기술을 빼고 게임을 이야기할 수는 없을 것이다. 게임 속 인공지능의 진화를 살펴보자.

NPC의 변신은 무죄!

게임 속 캐릭터는 크게 두 유형으로 나뉜다. 플레이어 캐릭터와 논플레이어 캐릭터NPC가 바로 그것이다. 플레이어 캐릭터는 플레이어가 직접 조종하는 캐릭터이고, NPC는 게임 시스템이 조종하는 캐릭터이다.

NPC가 게임에 등장한 역사는 오래되었다. 사실 NPC는 동전이나 지폐를 넣고 즐기는 아케이드 게임 시대부터 존재했다. 예를 들어 〈팩맨Pac-Man〉의 유령 캐릭터, 〈버블보블Bubble Bobble〉의 베티·젠짱·마이타, 〈슈퍼 마리오 브라더스Super Mario Brothers〉의 굼바·뻐끔플라워 등이 모두 NPC에 속한다. 주로 적 캐릭터로 나왔던 NPC는 게임이 진화하면서 그 종류와 역할에 따라 오늘날 다양한 모습으로 등장한다. 대표적으로 플레이어에게 임무를 부여하는 퀘스트 제공 NPC, 마을 촌장이나 도서관 사서와 같은 정보 제공 NPC, 용병처럼 플레이어와 함께 전투를 치르는 전투 지원형 NPC, 그리고 장비를 수리하거나 소식을 전하는 대장장이·우체부 등의 NPC가 있다. 레벨에 따른 몬스터들도 NPC에 속한다.

NPC들은 게임 속 플레이어와 상호작용하며 게임을 더 생동감 있게 만들어 주는 역할을 한다. 이들은 단순한 대사를 반복하던 것을 넘어 마치 실제 살아 있는 사람처럼 플레이어에게 먼저 말을 걸어오기도 하고, 플레이어의 움직임에 반응한다. 심지어 스스로 생각하고 판단해서 특정 동작을 취하기도 한다. 이 모든 것이 바로 인공지능 기술 덕분이다.

초창기 게임에서 NPC들은 미리 정해진 행동과 대사만 반복했

〈슈퍼 마리오 브라더스〉에 등장하는 NPC인 버섯, 굼바, 요시(왼쪽부터).

다. 그들은 단순한 규칙에 따라 플레이어의 움직임을 뒤쫓거나 특정한 경로를 반복해서 돌아다녔다. 개발자가 프로그래밍한 패턴에 따라서만 행동할 수 있는 단순한 수준의 인공지능을 가졌기 때문이다.

게임 기술이 발전하면서 NPC의 움직임은 다양해졌다. 1990년대에 등장한 게임 〈둠Doom〉에서 NPC들은 플레이어를 발견하고 먼저 공격하거나 일정 거리를 유지하거나 뒤에 숨는 등 더 복잡한 행동을 보여 주었다. 이러한 적 NPC에게 적용되는 규칙은 대부분 공간과 거리를 기반으로 설계된다.

예를 들어 플레이어 캐릭터가 NPC를 중심으로 일정 거리 안에 들어오면 먼저 공격하라는 규칙을 설계할 수 있다. 조금 더 복잡하게 만들고 싶다면 거리와 함께 플레이어 캐릭터의 상태에 따라 반응을 달리하면 된다. 플레이어 캐릭터의 레벨이 NPC의 레벨과 큰 차이가 없을 때는 먼저 공격하고, 차이가 클 때는 공격하지 말고 지나치라는 규칙을 적용하는 것이다. 플레이어 입장에서 자신보다 레벨이 높은 적 NPC가 자신을 공격하면 게임이 허무해지고, 레벨이 너무 낮은 NPC가 자잘한 공격을 반복하면 따분해질 수 있다. 이는 게임 플레이에 대한 흥미를 잃는 결과로 이어진다.

NPC의 인공지능 기술에 가장 큰 영향을 미친 게임은 1998년에 출시된 〈하프라이프Half-Life〉와 〈헤일로2Halo2〉이다. 〈하프라이프〉는 인공지능 기술을 활용해 주변 환경에 적극적으로 반응하는 NPC를 만들었다. 이 게임의 NPC는 지역을 순찰하다가 플레이어를 만나면 전투 상태로 바뀌고, 전투가 끝나면 다시 순찰과 조사를 하는 상태로 돌아갔다. NPC들끼리 협력하고 전략을 짜서 움직이는 모습도 보여 줬다. 예를 들어 NPC들은 서로 대화를 나누면서 플레이어를 포위하거나 수류탄을 던져서 플레이어가 숨은 곳에서 나오게 하는 등 다양한 플레이를 만들어 냈다. 이는 당시 플레이어들에게 매우 신선한 충격으로 다가왔다. 게임 속 인공지능이 단순한 '패턴'을 넘어서 '상황에 맞는 반응'을 보일 수 있음을 증명했기 때문이다.

인공지능 기술은 전투에만 사용되지 않는다. 가상으로 인생을 체험하는 게임인 〈더 심즈The Sims〉 시리즈에서는 NPC들이 자신의 감정과 욕구를 가지고 행동하도록 설계되었다. 심SIM이라고 부르는 게임 속 캐릭터들은 배고픔, 피로, 재미 등 기본적인 욕구를 느끼고, 그런 욕구를 채울 수 있는 행동을 한다. 심지어 정말 살아 있는 사람처럼 볼일을 보기 위해 화장실에 가기도 한다. 다른 심들과 관계를 맺는 과정에서는 시간이 지날수록 쌓인 서사에 따라 친구, 연인, 가족 등 다양한 관계가 나타난다. 이런 시스템은 단순한 행동 패턴을 넘어선 인공지능의 대표 사례로 꼽힌다.

대화에 숨을 불어넣는 생성형 인공지능

인공지능 기술이 발전함에 따라 NPC는 점점 더 똑똑해지고 있다. 몇 년 전까지만 해도 플레이어 캐릭터와 대화를 나누는 NPC들은 녹음기를 틀어 놓은 것처럼 똑같은 대사를 반복해 플레이어에게 지루함을 안겼다. 이미 만난 적이 있어도 NPC는 플레이어를 처음 만나는 것처럼 행동하며 동일한 대사를 읊었다. 반복이 지루한 플레이어는 '스킵' 버튼을 눌러 플레이 진행을 빠르게 조정하곤 했다. 부모님의 잔소리를 '스킵'하고 싶은 것처럼 말이다.

하지만 오늘날 NPC들은 달라졌다. 같은 과정을 반복하는 플레이어에게 같은 대사를 되뇌지 않는다. "이번엔 기필코 임무를 완수하길 바라"라고 이야기하는 수준까지 올라갔기 때문이다. 이제는 친구와 이야기를 나누는 것처럼 자연스럽게 대화를 나눌 수 있게 되었다.

이런 대화가 가능해진 것은 생성형 인공지능이 발전하고 있기 때문이다. 생성형 인공지능은 기존에 존재하는 데이터나 학습량을 바탕으로 데이터를 분석하여 새로운 창작물을 생성할 수 있는 인공지능 기술을 말한다. 챗GPT, 제미나이^{Gemini}, 미드저니^{Midjourney} 같은 서비스가 대표적이다. 일반 인공지능이 데이터베이스에서 정보를 검색하고 패턴을 찾아내는 수준에 멈췄다면, 생성형 인공지능은 이 패턴을 분석해서 의미를 부여하고 그 구조를 바탕으로 새로운 결과물을 만드는 것을 추구한다.

이런 환경 속에서 게임 속 NPC도 커다란 변화를 맞고 있다. 플레이어의 선택과 행동에 따라 NPC의 대사는 실시간으로 달라진다. 날씨에 대한 잡담을 할 경우에도 실제 날씨에 맞춰 대사를 할 수 있다. 이런 NPC들과의 대화를 통해 플레이어는 게임 세계에 더욱 깊이 몰입할 수 있다.

인공지능이 사는 마을에서는 무슨 일이 일어날까?

코로나19가 한창이던 시기에 공공기관들은 빠른 속도로 메타버스 공간을 구축했다. 학교, 동사무소, 은행, 박물관 등 현실에서 마주하는 수많은 공간이 메타버스에 지어졌다. 감염병의 위협으로부터 서로를 지키기 위한 방안이었다. 하지만 이 공간들은 사람들에게 외면받았다. 실제 공간을 가상 세계에 그대로 옮겨 놓는 데 그쳤기 때문이다.

이 공간들은 메타버스가 가진 잠재력을 제대로 발휘하지 못한 채 묻혀 버렸다. 하지만 만약 이 공간에 생성형 인공지능으로 만들어진 NPC들이 살아 숨 쉬고 있다면 어떨까? 사용자가 방문하지 않더라도 NPC들은 각자의 일상을 보내고 마을을 이루며 살아가지 않을까? 마치 영화 속에서 볼 수 있는 작은 마을처럼 말이다.

어쩌다 실제 플레이어가 이 공간을 방문하게 된다면 새로운 세상으로 여행을 떠난 것 같은 흥미로운 느낌을 받을 것이다. 가상 세계를 방문하는 사람들은 결국 누군가를 만나고 커뮤니티를 형성해 경험을 나누려는 목적을 지니고 있으니까 말이다. 이런 재미있는 상상이 가능하다는 것을 증명한 인공지능 연구자들이 있다. 미국 스탠퍼드 대학교의 컴퓨터공학자들은 인공지능으로 가상의 마을을 만든다면 어떤 일이 일어날지 실험했다.

이 연구를 주도한 박준성 박사는 "인공지능을 통해서 인간의 활동을 시뮬레이션하는 것은 초기 연구자들의 주된 관심사였고, SF에도 자주 등장한 주제"라고 말한다. 사실 그동안은 인공지능 기술의 발전이 이 실험을 성공으로 이끌기에 충분하지 않았다. 하지만 생성형 인공지능의 대표 주자라 할 수 있는 챗GPT가 등장하면서 드디어 인공지능을 이용한 시뮬레이션이 가능해졌다.

연구자들은 집, 학교, 공원, 카페, 상점 등으로 이루어진 가상의 마을을 만들었다. 그리고 이곳에 다양한 직업과 성격을 가진 인공지능 행위자 25명이 살게 했다. 그들은 모두 저마다의 스토리를 가지고 있었는데 이름, 가족관계, 관심사 등의 설정이 여느 시나리오의 인물들 못지않게 상세하게 짜여 있었다. 예를 들어 존은 약사인데 교수 아내, 음대생 아들과 함께 살고 있다. 존의 옆집에는 오래된 커플이 살고, 그는 그중 톰과 정치에 대해 토론하는 것을 즐긴다. 인공지능 행위자 25명은 이렇게 저마다 정해진 설정을 바탕으로 하루하루를 보낸다.

연구자들은 인공지능 행위자들이 이런 시스템 안에서 어떤 행동과 결정을 하는지 지켜보았다. 흥미롭게도 그들은 자신만의 일과를 보내다가 다른 행위자를 만나면 각자의 성격에 따라 대화를 하기도 하고 특정한 행동을 하기도 했다. 이런 모습은 마치 우리가 사회생활을 해 나가는 것처럼 보였다.

예를 들어 앞서 소개한 존은 오전 7시가 되면 누구보다 먼저 일어나서 양치질을 하고 샤워를 한다. 그리고 옷을 입고 아침을 먹다가 때마침 일어난 아들 에디와 마주친다. 아빠와 아들은 서로 아침 인사를 나눈다. 존은 아들에게 오늘 할 일을 묻고 새로운 곡을 만들 거라는 이야기를 듣는다. 아들 에디가 학교에 가고 그제야 아내 메이가 일어난다. 메이는 아들에 대해 묻는데, 존은 방금 아들과 나눈 이야기를 바탕으로 아내에게 에디의 작곡 소식을 전한다.

또 다른 인공지능 행위자인 샘과 톰은 매일 정치 이야기를 나눈다. 어느 날, 샘은 시장으로 출마할 계획을 톰에게 알린다. 그날 늦은 오후, 톰은 샘의 시장 출마 소식을 존에게 들려준다. 앞서 언급한 것처럼 존과 톰은 정치 이야기를 함께 나누는 사이이기 때문에 이런 일이 가능하다.

여기서 중요한 점은 이 에피소드들을 개발자가 작성해서 넣은 것이 아니라는 점이다. 연구자들은 마을이라는 공간과 캐릭터를 설정하고 그들의 일과를 정해 줬을 뿐이다. 이후의 에피소드들은 모두 인공지능 행위자들이 스스로 생각하고 결정해서 일어난 것들이다. 인공지능 행위자들은 살아가는 중에 마주하는 다른 행위자와의 상호작용을 모두 기억하고 그 내용을 반영하여 다음 스토리를 만들어 간다. 그들은 자신만의 목표에 따라 행동하며, 다른 행위자와 관계를 맺는다. 마치 우리가 사람들과 소통하며 인생을 살아가는 것과 같은 방식으로 말이다.

인공지능 행위자들끼리 게임을 개발한 사례도 있다. 이 실험에서 인공지능 행위자들은 아이디어 회의를 통해 콘셉트를 잡고 플랫폼을 정했다. 어떤 언어로 개발할 것인지 이야기를 나눈 뒤에는 직접 코딩을 했다. 작성한 코드 중에 오류가 있을 때는 수정 작업도 했다.

이와 같은 기술은 게임 이외에도 다양한 분야에서 엄청난 변화를 가져올 것으로 보인다. 여기서 인공지능 행위자는 교육 분야에서 개개인의 학습을 돕는 맞춤형 교사가 될 수도 있고, 환자의 질문에 답하며 건강 관리를 조언하는 의료 전문가가 될 수도 있다. 챗봇을 뛰어넘어 24시간 고객을 응대하는 상담 직원은 물론이다. 이 기술은 도움이 필요한 사람들에게 더할 나위 없이 소중한 조언자이자 친구가 되어 줄 것이다.

인공지능 기술은 단순히 가상 공간을 풍성하게 만들어 주는 수준을 넘어 우리의 삶 전반에 새로운 가능성을 열어 줄 것이다. 흥미로운 일들이 가득할 미래를 함께 기대해 보자.

메타버스의 탑승자, 디지털 노마드

과거 인류는 특정 지역과 공간에 뿌리를 내린 채 살아갔다. 하지만 이제 우리가 살아가는 공간은 메타버스로 확장되었고, 우리는 유목민처럼 현실 공간과 가상 공간을 자유롭게 오가는 디지털 노마드의 삶을 살아가게 될 것이다. 메타버스에는 세 유형의 인간이 있다. 태어날 때부터 디지털 기술과 친숙한 환경 속에서 성장한 디지털 네이티브digital native, 오랜 시간 현실 세계에서 살아가다가 디지털 기술의 발전으로 어쩔 수 없이 가상 세계로 이주하고 있는 디지털 이민자digital immigrant, 그리고 처음부터 가상 세계에서 태어난 버추얼 휴먼virtual human이다.

디지털 네이티브 vs 디지털 이민자

디지털 네이티브란 어려서부터 디지털 기술과 함께 성장함에 따라 디지털 환경이 일상이 된 세대를 말한다. 이들은 스마트폰 알람에 눈을 뜨고, 온라인 수업을 듣고, 태블릿 PC로 강의를 정리한다. 또한 SNS로 자신의 일상을 기록하고, 뇌를 자극해서 안정감을 주는 ASMR을 들으며 잠든다. 디지털 기술이 삶의 일부가 아니라 삶 그 자체로 자리 잡은 세대라고 할 수 있다.

디지털 네이티브는 밀레니얼 세대와 Z 세대, 그리고 알파 세대를 아우른다. 대략 1980년 이후에 태어난 사람들이니 이들 세대는 게임의 발전과 함께 성장한 세대라고 해도 무방하다. 그래서 종종 디지털 네이티브를 게임 세대라고 부르기도 한다.

게임 문화의 가장 중요한 특징 중 하나인 '플레이어의 개입'에 익숙한 그들은 모든 상황에서 '나'를 중심에 둔다. 게임 세계를 움직여 온 그들은 세계의 중심이 '나'라고 생각하기 때문에 자신을 드러내는 활동과 표현에 익숙하다. 어떤 상황이든 적극적으로 반응하고 생각한 것을 행동에 옮긴다. 또한 수동적으로 정보를 소비하기보다 능동적으로 정보 생산에 참여한다. 그들은 '보는 문화'가 아닌 '하는 문화' 속에 살아가는 존재들이다.

디지털 네이티브는 디지털 환경에서 이루어지는 멀티플레이에 매우 익숙하다. 그래서 여러 작업을 동시에 처리할 수 있다. 하지만 멀티플레이 능력 때문에 한 가지 일에 오랜 시간 매달리는 것을 어려워하기도 한다.

스스로 참여하는 문화를 좋아하고 멀티플레이에 강하다 보니 그들은 자연스럽게 자신의 여러 정체성을 실험해 보는 일을 즐긴다. 이런 호기심 때문에 그들은 대부분 현실에서 '본캐'와 '부캐'를 가지고 있다. 두 용어는 게임에서 비롯되었다. 본캐는 플레이어들이 게임 내에서 주로 쓰는 캐릭터를 말하고, 부캐는 새로운 플레이 경험을 위해 추가로 만든 캐릭터를 말한다. 이처럼 게임 내에서 주로 사용되던 부캐가 이제 게임 밖으로 나온 것이다.

사람들은 다양한 부캐를 통해 스스로 알지 못했던 자신의 모습을 발견한다. 또한 부캐로 새로운 사람들을 만나고 폭넓은 관계망을 형성하며 자신을 더욱 깊이 이해한다. 본캐로는 하지 못했던 새로운 일들을 부캐를 통해 시도해 보는 경험은 우리 내면에 숨겨진 욕망의 발현이라는 점에서 의미가 있다. 또한 현실의 정체성을 유지한 채 더 넓은 세계로 자아의 영역을 늘리기 위한 도전을 한다는 점에서 가치가 있다. 이는 개인의 다양성을 중요하게 생각하고 인정하는 사회로 발전하고 있다는 증거라 할 수 있다.

결론적으로 디지털 네이티브는 디지털 기술과 게임 문화 속에서 자라나며, 이를 통해 정체성을 형성하고, 자신만의 방식을 창조해 가는 세대이다. 기술이 그들에게 도구를 넘어 생활 그 자체가 되었듯, 그들의 행동과 사고방식 또한 디지털 세계와 깊이 연결되어 있다.

반면 아날로그 세상에서 태어나 이제 막 가상 세계로 발을 들인 세대도 있다. 바로 디지털 이민자라고 부르는 자들이다. 그들에게 디지털 세상은 낯설기만 하다. 디지털 네이티브가 자연스럽게 받아들인 기술들이 그들에게는 너무나도 어렵다. 한번 배워도 기억할 수 없어 매번 어떻게 해야 하는지 묻는 세대이기도 하다.

문제는 세상인 너무나도 빠르게 디지털화되고 있다는 점이다. 음식점에서 사람이 직접 주문을 받는 시대는 끝났다. 전화를 걸어 음식을 주문하던 시대도 마찬가지이다. 티켓을 사거나 물건을 고쳐야 할 때 우리는 모두 디지털 기기 화면에 나타난 버튼을 순서대로 선택하고 누른다. 디지털 이민자는 이런 세상에 적응하기 위해 수많은 기술을 이해하고 배워야 한다. 그들을 위한 디지털 리터러시 교육이 필요한 이유이다.

세대 간의 단절을 줄이고 화합을 이루려면 디지털 네이티브들의 적극적인 도움이 필요하다. 버스나 지하철 같은 대중교통에 노약자석이 있듯이 디지털 세상에도 취약계층을 위한 배려와 지원이 필요하다.

메타버스에서 태어난 버추얼 휴먼

'이세계아이돌'과 '플레이브'를 모르는 디지털 네이티브는 없을 것이다. 이세계아이돌은 2021년에 데뷔한 6인조 버추얼 걸그룹으로, 오디션 과정부터 대중의 관심을 모았다. 데뷔곡의 뮤직비디오는 유튜브에서 한국 인기 뮤직비디오 1위를 기록했으며, 빌보드 차트에까지 오르는 기록을 세웠다.

하지만 이런 모습에도 버추얼 아이돌의 오프라인 콘서트가 가능할까 하는 의문은 여전했다. 콘서트라는 것은 아무래도 실제 가수를 눈으로 직접 보고 느끼기 위해 가는 것이기 때문이다. 하지만 곧 이런 의문은 우려였음이 밝혀졌다. 관객은 2만 석을 꽉 채웠고, 기념품 판매대에는 문을 열기 두 시간 전부터 1만 명이 몰리면서 큰 인기를 끌었던 것이다.

콘서트가 시작되자 별도의 스튜디오에서 장비를 사용해 움직이는 이세계아이돌의 모습이 무대 화면에 나타났다. 실시간 송출이었기 때문에 이세계아이돌은 팬들의 반응을 직접 확인하면서 소통했다. 팬들은 마치 이세계아이돌이 실제 현장에 같이 있는 듯한 느낌을 받으며 공연을 통해 만족감을 느낄 수 있었다.

플레이브는 2024년에 데뷔한 5인조 남성 아이돌 그룹이다. 카엘룸이라는 별에서 태어난 이들은 카엘룸과 지구 사이에 있는 아스테룸에서 자신들의 꿈을 이루기 위해 노래를 하고 춤을 춘다는 세계관을 가지고 있다. 지구로 내려왔을 때 공중파 음악방송을 사전 녹화하고, 동료 가수들과 챌린지 영상도 찍은 다음, 다시 아스테룸으로 돌아가는 식으로 활동한다. 아스테룸에서는 주기적으로 라이브 방송을 하며 팬들과 소통한다.

이처럼 태어난 곳이 메타버스인 동시에 그곳에서 계속 살아가는 인간이 바로 버추얼 휴먼이다. 버추얼 휴먼은 현실 공간에 실제로 존재하지는 않지만 스크린을 통해 2D나 3D로 나타난다.

버추얼 휴먼의 명칭은 관점에 따라 조금씩 다르다. 컴퓨터 그래픽을 이용해 만들어진 인간이라는 의미에서 버추얼 휴먼을 CG 캐릭터, 디지털 휴먼, 인공 인간 등이라 부르기도 한다. 또한 같은 버추얼 휴먼이더라도 주로 활동하는 곳에 따라 명칭이 다르다. 예를 들어 라이브 방송을 하는 버추얼 스트리머, 유튜버에 영상을 올리는 버추얼 유튜버, 인스타그램이나 광고에서 주로 활약하는 버추얼 인플루언서 등이 있다.

각기 다르게 부르기는 해도 그들은 모두 메타버스에서 태어났고 컴퓨터 그래픽 기술의 도움을 받아 활동한다는 공통점을 가지고 있다. 앞서 살펴본 버추얼 아이돌처럼 이미지 뒤에 진짜 사람이 있는 경우도 있지만, 그렇지 않은 경우가 더 많다.

카드 회사의 광고 모델을 맡으면서 유명해진 버추얼 휴먼 '로지', 패션 인플루언서로 활동하는 '릴 미켈라Lil Miquela', 일본 이케아 모델이면서 인플루언서로 활동 중인 모델 '이마imma'가 바로 그런 경우이다. 이들은 주로 SNS에 사진을 찍고 글을 남기고 댓글을 통해 소통하는 방식을 취한다. 실제 배우나 모델, 방송인과도 사진을 찍으면서 일상을 나누는 이들의 방식은 대중이 그들을 실제 살아 있는 존재로 여기게 하기에 충분하다.

호모 데우스에서 포스트 휴먼으로

인류가 버추얼 휴먼에 흥미를 느끼는 배경에는 호모 데우스와 같은 욕구가 있다. 즉 무언가를 마음대로 통제하고 싶은 인간의 욕구가 버추얼 휴먼에게 반영되었다는 것이다. 예를 들어 광고 모델이 된 버추얼 휴먼은 감독이 원하는 대로 얼마든지 움직이고 말하고 표정을 지을 수 있다. 촬영 시간에 구애를 받지도 않는다. 흠잡을 데 없는 외모를 늘 유지할 수 있는 것도 큰 장점이다. 변수가 많은 인간과 달리 버추얼 휴먼은 이미지 손상의 위험이 작다.

> **호모 데우스**
>
> '호모Homo'는 인간을 의미하고 '데우스 Deus'는 신을 뜻하는 단어이다. 이스라엘의 역사학자인 유발 하라리가 제안한 개념으로, 인간이 신과 같은 능력을 발휘하는 세상이 오고 있음을 표현하기 위해 만들어졌다.

버추얼 휴먼이 가진 장점만큼이나 우려되는 점도 존재한다. 버추얼 휴먼에게 감정을 이입하거나 의존하게 된다면 현실과 가상이 뒤섞여 혼란을 겪을 수 있다. 극소수이긴 하지만 실제 가상 캐릭터와 연애를 하고 결혼식을 올리는 사례가 있다는 것은 이 문제에 대한 우려가 과하지 않음을 말해 준다. 현실에서 어려움을 겪고 있을 때 이 가상 캐릭터를 알게 되었고 그 캐릭터를 통해 위안, 사랑, 행복을 얻게 되었다는 그들의 이야기는 한편으로 다행이지만 씁쓸하다.

기술이 더 발달하여 수많은 SF 작품에 등장하는 휴머노이드 로봇들이 등장하게 된다면 어떨까? 누가 인간이고 누가 로봇인지 모르는 상태에 직면하지 않을까? 영국 드라마 〈휴먼즈Humans〉에 등장하는 에피소드처럼, 아이가 엄마보다 로봇이 책을 읽어 주는 것을 더 좋아하고, 아내가 남편보다 로봇의 도움을 더 편하게 받아들일 수도 있다. 인간과의 경계가 흐릿해지는 버추얼 휴먼들을 어떻게 바라봐야 할 것인가에 대한 문제는 시간을 두고 다방면으로 생각해 봐야 하는 부분이다.

버추얼 휴먼은 더 이상 미래의 이야기가 아닌 우리 곁에 성큼 다가온 현실이다. 우리는 버추얼 휴먼을 단순한 도구가 아닌, 함께 살아가야 할 존재로 인식해야 한다. 이를 위해서는 포스트 휴먼Post Human 사고가 필요하다. 포스트 휴먼이란 기술을 통해 인간의 능력을 확장하고 인간과 기술이 공존하는 미래 사회의 인간성에 대해 연구하는 학문이다.

버추얼 휴먼은 우리에게 새로운 가능성을 열어 주는 동시에 많은 질문을 던지는 존재이다. 우리는 이 질문들에 대한 답을 찾아가면서 더 나은 미래를 만들어야 한다.

게임 모델러는 게임의 3D 모델을 제작하는 일을 담당하는 사람이다. 조각가가 찰흙으로 조각을 만들듯, 모델러는 컴퓨터 프로그램을 이용해서 게임 속에 등장하는 3차원 대상을 만들어 낸다. 게임 공간을 채우는 풍경, 건물, 캐릭터와 몬스터는 물론이고 검이나 보물 상자와 같은 아주 작은 아이템까지, 게임 화면에 나타나는 모든 시각적인 요소들은 모델러의 손을 거쳐 탄생한다.

게임 모델러는 콘셉트 아트나 원화를 바탕으로 배경·캐릭터·소품 모델링과 리깅, 그리고 텍스처링 작업을 한다. 모델링modeling은 배경, 캐릭터, 소품 등의 외형이나 표정, 움직임을 디자인하는 과정이다. 리깅rigging은 3D 모델에 뼈대를 심는 작업이다. 뼈대는 움직임을 만들어 내기 위한 것으로, 인형에 뼈대를 집어넣어 관절이 꺾

이게 만드는 과정이라고 생각하면 된다. 특히 캐릭터를 모델링할 때 리깅 작업은 필수적이다. 인체나 동물에 대한 해부학적 지식이 있다면 리깅 작업에 매우 큰 도움이 된다. 실제 사람이나 동물처럼 움직일 때 사실적인 느낌을 줄 수 있기 때문이다. 텍스처링texturing은 3D 모델에 색상과 질감을 입히는 작업이다. 질감에 따라 물체는 실제처럼 느껴질 수도 있고 볼품없이 느껴질 수도 있다. 3D 모델의 완성도를 좌우하는 매우 중요한 과정이라고 할 수 있다.

모델링 작업을 위해서는 공간 구성 능력과 원근법에 대한 이해가 필수적이다. 리깅 작업을 위해서는 인간과 동물의 움직임에 대한 논리적이고 구조적인 분석력과 관찰력이 필요하다. 반면 텍스처링 작업에는 예술적 감각이 요구된다. 특히 색감이나 디자인 구성력 등이 필요하다.

최근 생성형 인공지능이 등장함에 따라 모델러의 일자리가 위협받고 있다. 단순하고 반복적인 모델링 작업이나 스타일 전환은 인공지능이 효과적으로 수행할 수 있다. 하지만 인공지능 작업은 기존 데이터를 기반으로 하는 것이기에 독창적인 아이디어와 예술적 감각을 바탕으로 새로운 스타일을 창조하기는 어렵다. 버추얼 휴먼의 활동이 다양한 분야로 활발히 확장되는 지금, 분석력과 미적 감각, 그리고 창의성을 갖춘 모델러는 여전히 중요한 직업이라 할 수 있다.

광고나 트레일러를 보고 호기심이 생겨 게임을 찾아본 적이 있을 것이다. 영화 못지않게 멋진 예고편, 귀에 쏙쏙 들어와 종일 부르게 되는 노래, 좋아하는 유튜버와의 협업 등을 통해 우리는 매일 새로운 게임을 접한다. 수많은 게임 중 '바로 그 게임'에 눈이 가게 하는 마법을 부리는 사람이 바로 게임 마케터이다. 게임 마케터는 전략가이자 스토리텔러이다. 이들은 새로 개발한 게임이 어떤 플레이어에게 매력적으로 다가갈지 분석하고 사람들이 게임을 하고 싶게 만든다.

게임 마케터는 본격적인 홍보·마케팅 활동을 하기 전에 시장 조사를 한다. 타깃층을 조사하고 비슷한 게임을 분석하여 차별화 전략을 세운 뒤, 트레일러와 광고 등을 기획한다. 공식 트레일러를 만드는 일은 게임 출시 이전에 마케터가 해야 하는 가장 중요한 일 중 하나이다. 게임의 이미지를 만들어 주는 첫 영상이자 오랜 시간 돌아다닐 콘텐츠이기 때문이다. 몇 년 전까지만 해도 트레일러는 게임 속의 이미지들을 활용해 만드는 것이 일반적이었으나 최근에는 별도의 영상팀을 꾸려 새롭게 만든다. 제작 규모나 예산도 점점 커지는 추세이고, 유명 배우가 출연하는 경우도 많아지고 있다.

트레일러뿐 아니라 버스나 길거리에 노출할 인쇄물과 SNS에 올릴 게시물을 제작하는 일도 중요하다. 인플루언서와의 협업을 적극적으로 추진하는 것 또한 게임 마케터의 몫이다. 이와 같은 활동은 게임이 출시될 때뿐 아니라 게임이 출시되고 나서 업데이트를 할 때에도 꾸준히 계속된다.

아무리 좋은 게임이 개발되더라도 그 게임의 존재를 사람들이 모른다면 그것은 의미를 잃기 쉽다. 게임 마케터는 개발자들의 숨은 노력이 빛날 수 있도록 게임을 알리고 그 가치를 끌어올린다.

게임 마케터에게는 데이터 분석 능력, 사람들의 관심을 끌 방법을 생각해 내는 창의력, 글쓰기와 프레젠테이션 능력, 여러 팀과 협력하기 위한 커뮤니케이션 능력, 소셜미디어 활용 능력 등이 필요하다. 무엇보다 게임에 대한 지식과 열정은 물론, 플레이어란 어떤 존재인지에 대한 인문학적 통찰이 요구된다.

4장

게임의 힘,
세상을 바꾸다

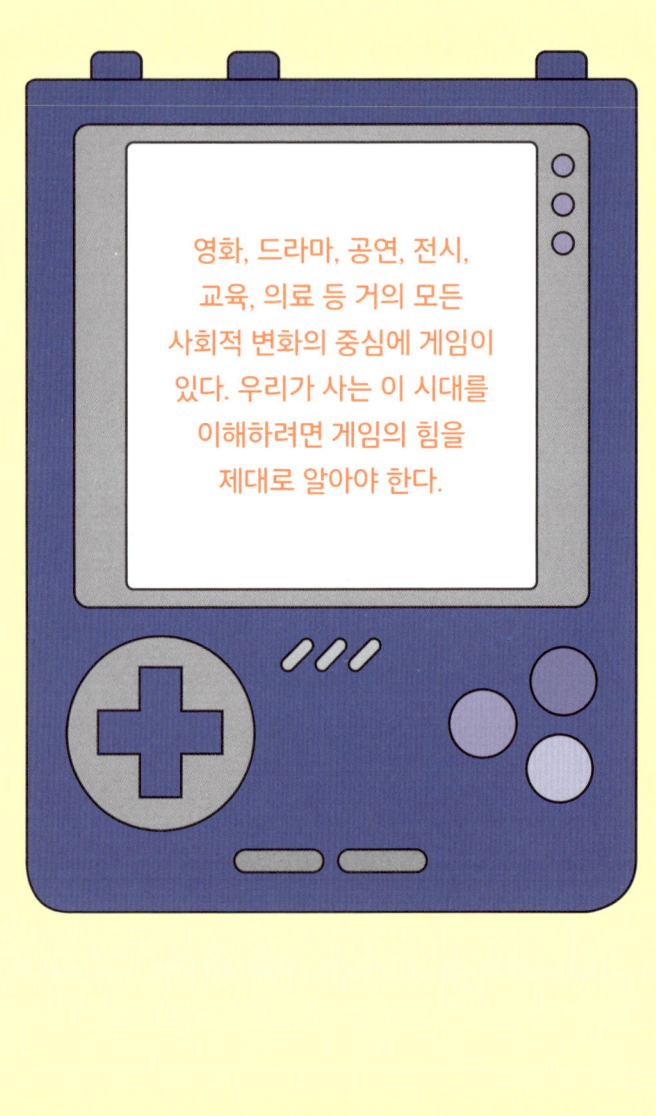

영화, 드라마, 공연, 전시, 교육, 의료 등 거의 모든 사회적 변화의 중심에 게임이 있다. 우리가 사는 이 시대를 이해하려면 게임의 힘을 제대로 알아야 한다.

다양한 콘텐츠와 융합하는 게임

게임이 주류 문화로 떠오르면서 영화, 드라마, 음악, 전시 같은 문화 콘텐츠도 새로운 변화를 꾀하고 있다. 영화와 드라마에서 레벨 업, 퀘스트 요소를 찾아볼 수 있고, 게임 음악이 예술성을 인정받아 클래식 공연장에서 연주되고 있다. 미술관과 박물관은 참여형 공간으로 바뀌고 있다. 게임 기술은 다양한 문화 콘텐츠와 융합하여 새로운 혁신을 이끌어 내고 있다.

영화와 드라마도 이제 게임처럼!

문화의 중심이 게임 세대가 되면서 영상 콘텐츠 역시 게임 세대에게 다가가기 위해 변화와 진화를 모색하고 있다. 영화, 드라마 등에서 대중과 산업의 요구에 맞추기 위해 다양한 실험이 이뤄지고 있는 것이다.

가장 눈에 띄는 현상은 스토리에서 게임이나 가상 세계를 직접 언급하는 사례가 늘어난 점이다. 몇 년 전까지만 해도 주인공의 직업으로 등장하지 않았던 게임 개발자는 이제 드라마나 영화 속에서 흔하게 찾아볼 수 있게 되었다.

심지어 2018년에 우리나라에서 방영한 〈알함브라 궁전의 추억〉이라는 드라마는 AR 게임을 소재로 하여 게임과 현실의 경계를 넘나드는 흥미로운 이야기로 주목을 받았다. 드라마에서는 게임이라는 미디어를 통해 앞으로 다가올 현대 사회의 다양한 문제점을 보여 주고 미래 사회의 모습을 예측하면서 시청자들에게 생각할 거리를 제공했다.

게임 시스템이나 형식을 적극적으로 스토리에 녹인 사례들도 있다. 메타버스가 우리의 일상이 되었을 때를 배경으로 하는 영화 〈레디 플레이어 원〉은 스토리를 끌고 가는 전체 구성을 게임 퀘스트 시스템으로 삼고 있다. 넷플릭스 오리지널 드라마인 〈스위트홈〉의 경우 게임에서 볼 수 있는 레벨 업 시스템을 주인공의 서사에 결합시켰다. 드라마에서 주인공이 사건을 경험하면서 괴물로 진화하는 과정은 게임에서 플레이어가 퀘스트를 완수하면서 레벨을 올리는 시스템과 유사하다. 웹툰 원작으로도 매우 유명했던 드라마 〈경이로운 소문〉은 게임에서 캐릭터들이 던전을 공략하기 위해 협력하는 파티 시스템을 차용한다. 이와 마찬가지로 주인공은 악귀를 사냥하기 위해 각기 성격과 능력이 다른 인물들과 협동하여 효과적인 전투를 치른다.

게임이 가지고 있는 쌍방향 스토리텔링의 특성을 영상 콘텐츠에 직접 적용한 사례도 있다. 이른바 인터랙티브 영화라고 부르는 것들인데, 넷플릭스의 〈블랙 미러: 밴더스내치〉가 대표적이다. 이 작품은 이야기가 진행되다가 시청자에게 무엇을 선택할지 묻는 형식을 취한다. 게임처럼 시청자의 선택에 따라 각기 다른 스토리가 이어지며 총 12개의 다중 엔딩 구조를 가지고 있다. 덕분에 시청자는 미련 없이 다양한 선택을 할 기회를 얻고 새로운 스토리텔링 방식에서 재미를 느낄 수 있다.

클래식 공연장에 울려 퍼진 게임 음악

우리가 즐기는 게임에는 다양한 소리가 존재한다. 캐릭터들의 대사, 몬스터가 내는 무시무시한 울음소리, 그리고 게임의 분위기를 만들어 내는 배경 음악까지, 게임 음악은 게임의 몰입도를 높이고 분위기를 조성하며 플레이어의 행동을 유도하는 등 다양한 기능을 한다.

초창기 게임에는 기술의 한계로 음악을 재생할 수 없어서 단순하고 짧은 효과음만 반복해서 들어갔다. 하지만 기술이 발달하면서 컴퓨터는 멀티미디어 기기가 되었고, 사운드 카드와 스피커가 도입되면서 복잡한 화성과 다양한 악기의 소리를 담을 수 있게 되었다. 게임 음악 분야에 새로운 혁신이 시작된 것이다.

특히 유튜브나 SNS처럼 게임 플레이 경험을 공유할 수 있는 채널이 급증하면서 게임 음악이 또 하나의 콘텐츠로서 다뤄지기 시작했다. 게임에서 쓰인 음악이 대중의 주목을 받은 것이다. 실제로 2011년 제53회 그래미 어워즈에서 〈문명 4〉의 주제곡이 상을 받는 쾌거를 이루었다. 2023년부터는 아예 비디오 게임 음악 부문을 따로 마련해 시상하고 있다. 우리나라도 2001년에 대한민국 게임대상에서 기술창작상에 게임 사운드 부문을 신설했으며, 2004년부터는 지스타에서 대한민국 게임영상 음악제를 열고 있다.

게임 음악을 만드는 작곡가들도 대거 등장했다. 유명 게임사들은 기존에 영화 음악을 만들던 작곡가들에게 게임 음악을 의뢰했고, 그들은 영화 음악 못지 않은 스케일의 곡들을 창작했다. 그리고 오케스트라를 대동해 연주를 녹음한 뒤, 그 곡을 게임에 삽입했다. 영화에 버금가는 연출력을 보여 주는 〈콜 오브 듀티: 모던 워페어 2〉에서는 영화 음악 작곡가인 한스 짐머Hans Zimmer를 고용하기도 했으며, 우리나라에서는 특히 가수들과 협업해 주제가를 만드는 시도가 이뤄지고 있다.

이처럼 게임 음악이 주목을 받게 되자 오리지널 사운드트랙OST이 따로 발매되고 예술의전당이나 롯데콘서트홀 같은 대형 공연장에서 오케스트라와 함께 게임 음악을 공연하기도 한다. 클래

오케스트라가 지휘에 맞춰 게임 음악을 공연하는 모습.

식 공연장에서 게임 음악 콘서트가 열린다는 것은 게임 음악의 예술성이 인정받고 게임 문화의 저변이 확대되었다는 것을 의미한다.

우리나라 그래픽 아티스트의 최고봉이라고 할 수 있는 김형태 시프트업SHIFT UP 대표는 PS5와 독점 계약한 비디오 게임 〈스텔라 블레이드Stellar Blade〉를 제작하면서 OST에 189곡을 넣은 것으로 유명하다. 여기에는 노래도 20여 곡 포함되어 있다. 이와 같은 노력은 영화나 드라마에 등장하는 음악처럼 게임 음악도 대중문화로 자리매김할 수 있다는 믿음에서 비롯되었다. 오늘날 우리는 게임 음악을 통해 즐겁고 행복하고 불안하고 두려운 감정을 모두 느낄 수 있다.

박물관에서 게임기를 빌려준다고?

게임은 미술관과 박물관 콘텐츠의 전시와 관람 방식에도 큰 변화를 가져왔다. 미술관이나 박물관은 기본적으로 학술적인 장소이다. 역사적으로 보존할 만한 가치가 있는 유물, 예술품 또는 학술 자료를 수집하고 보존·진열하는 것으로 목적으로 하기 때문이다.

그래서 일반적으로 미술관이나 박물관에서 콘텐츠를 전시하는 방식은 권위적이고 일방향적이다. 박물관은 전시할 작품을 선별하고 원하는 동선에 따라 배치한다. 관람객은 수동적으로 주어진 길을 따라가면서 작품을 눈으로 관람한다.

이와 같은 방식은 기록과 저장이라는 박물관의 역할에는 충실할 수 있으나 관람객과 소통하기에는 어려움이 있다. 오늘날 대중은 수동적으로 즐기기보다는 능동적으로 참여하기를 원하기 때문에 대중의 욕구를 반영하기 위해서는 미술관과 박물관도 변화를 받아들여야 한다.

관람객이 적극적으로 공간을 탐색하고 전시품을 경험하고 체험하도록 하기 위해서 박물관은 게임 기술을 적극적으로 도입했다. 예를 들어 프랑스 파리의 루브르박물관은 닌텐도 기기를 통해 박물관을 가이드한다. 조용하고 엄격한 공간이라는 고정관념을 가진 박물관에서 닌텐도 기기를 대여해 주는 것만으로도 흥미와 관심이 자연스레 높아진다. 길 안내와 더불어 작품 검색과 설명, 그리고 작은 임무를 부여하는 프로그램도 탑재되어 있어 마치 게임을 즐기듯 박물관을 탐색할 수 있다.

아시아 최초의 컴퓨터 박물관인 넥슨컴퓨터박물관은 전시품부터 기존 박물관과 다르다. 최초의 상업용 비디오 게임기인 〈컴퓨터 스페이스〉가 전시되어 있고, 아타리에서 출시한 콘솔 게임기뿐 아니라 초창기 애플 컴퓨터도 볼 수 있다. 오늘날의 디자인과는 많이 다른 세계 최초의 마우스를 만져 볼 수 있는 것은 물론이고, 친구나 가족과 함께 다양한 게임을 체험하며 시간을 보낼 수 있다. 박물관 곳곳에서 "만지지 마시오"라고 써 붙인 표지판은

제주도에 있는 넥슨컴퓨터박물관.

내가 만든 게임이 레전드가 된다면

이제 과거의 유물이 되었다. 미션을 완수해 나가는 식으로 관람 동선을 스토리텔링한 것은 물론이고, 공간도 웰컴 스테이지, 오픈 스테이지, 히든 스페이지 등 게임에서 사용하는 용어로 이름을 붙였다. 마치 거대한 게임 세계에 들어온 것 같은 기분이 들도록 말이다.

디지털 트윈 시대를 맞아 메타버스에도 수많은 미술관과 박물관이 세워지고 있다. 국립중앙박물관은 제페토에 월드맵을 구축하고 국보인 금동 미륵보살 반가 사유상을 전시했다. 플레이어들은 맵을 돌아다니다가 들판에 숨겨진 보석을 찾거나 반가 사유상의 자세를 따라 하며 명상의 시간을 가질 수 있다. 서대문자연사박물관은 VR 기기를 통해 몰입형 체험을 할 수 있게 했다. 이곳에서는 공룡의 뼈만 전시한 오프라인 박물관과 달리 살과 근육이 있는 공룡의 모습을 두 눈으로 볼 수 있다. 또한 백두산과 한라산 둘레길을 가상으로 탐험하고 지질학적 특징과 독특한 생태계를 알아보며 체험할 수 있다.

게임 기술은 미술관과 박물관에 새로운 생명을 불어넣고 있다. 사람들은 더 이상 수동적인 관람자가 아닌 적극적인 참여자로 자신만의 스토리를 만들 수 있다. 또한 메타버스라는 새로운 공간에서 과거와 현재, 미래를 넘나드는 다채로운 전시를 경험하고 있다. 게임 기술은 앞으로도 미술관과 박물관의 혁신에 중요한 동력이 될 것이다.

재미가 만드는 변화

게임은 아무리 어려운 미션도 재미있고 흥미롭게 만드는 재주가 있다. 플레이어는 퀘스트를 클리어하고, 희귀 아이템을 획득하고, 레벨을 올리는 활동을 멈추지 않는다. 시험 성적과 순위에 스트레스를 받는 청소년들도 게임 내에서는 다른 플레이어와 적극적으로 경쟁한다.

게임하듯이 공부할 수 있다면

게임을 하듯 재미있게 공부할 수 있는 프로그램이 있다면 어떨까? 전 세계의 수많은 어린이가 학교에 가지 못해 글을 읽거나 수를 헤아리지 못하는 현실에서, 교사 없이도 스스로 학습할 수 있는 기술을 개발하는 대회가 열렸다. '글로벌 러닝 엑스프라이즈^{Global Learning XPRIZE}'이다.

2014년에 시작된 이 대회는 꽤 까다로운 검증 방식을 택했다. 대회에 참가한 기업이나 단체는 탄자니아 170개 마을에서 실험을 진행해야 했다. 학교에 다니지 않는 7~10세 아이들에게 태블릿 PC를 나눠 준 다음, 15개월

글로벌 러닝 엑스프라이즈

인류가 직면한 가장 어려운 문제들을 기술로 해결하기 위해 엑스프라이즈 XPRIZE 재단이 1,500만 달러의 상금을 걸고 추진한 대회다. 전 세계 문맹 아동을 위해 교사 없이도 읽기, 쓰기, 수학을 배울 수 있는 소프트웨어를 만든다는 목표로 2014년에 시작해 5년 동안의 실험 끝에 2019년에 우승자가 결정되었다.

동안 프로그램을 사용하고 실제 학습이 이루어졌는지 그 효과를 평가한 것이다.

참가자들은 현지로 들어갈 수 없었다. 아이들에게 프로그램을 직접 가르쳐 주면 공정성을 해친다는 이유 때문이었다. 2주에 한 번씩 현지에서 들어오는 데이터만을 가지고 그곳에서 벌어지는 일들을 추측해야 했다. 마을 사람들도 아이들에게 프로그램 사용을 권하지 못하고, 잘 사용하고 있는지 질문할 수 없었다. 그렇기 때문에 15개월 동안 계속 이 프로그램을 쓰는 것은 오롯이 아이들에게 달려 있었다. 누구나 일정 기간 프로그램을 사용할 수는 있지만, 누가 시켜서 하는 것이 아니라 스스로 하고 싶은 마음이 들어서 매일 꾸준히 사용하는 것은 재미있지 않으면 불가능한 일이다. 동시에 교육적 효과까지 거두어야 했으니 사용자는

물론, 개발자에게도 쉬운 프로그램이 아니었다.

이 대회의 우승은 글로벌 에듀테크 기업인 에누마가 차지했다. 에누마의 대표인 한국인 부부는 모두 게임 회사 출신이었다. 남편은 게임 프로그래머였고 아내는 게임 디자이너였다. 그들은 장애를 가지고 태어난 아이들을 위한 교육용 프로그램을 만들고 싶어 창업에 뛰어들었다.

그들의 목표는 남보다 배우는 속도가 느린 아이들도 스스로 즐겁게 사용하면서 학습할 수 있는 프로그램을 내놓는 것이었다. 그들은 AI 음성 인식을 통해 영어 단어를 배우게 하고, 동전을 세어 가며 패턴을 맞추면서 수학과 친해질 수 있는 앱을 만들었다. 이러한 경험이 글로벌 러닝 엑스프라이즈의 우승으로 이어진 것이다.

그들은 아이들이 스스로 프로그램을 계속 사용하게 하는 방법을 잘 알고 있었다. '어제도 재밌었는데 오늘은 더 재밌네', '어제는 몰랐는데 오늘은 새로운 것을 알게 되었네'와 같은 발견의 기쁨이 가장 중요하고, 이를 위한 콘텐츠가 만들어져야 한다는 것을 말이다.

게이미피케이션이 바꾸는 일상

학습은 어렵고 시간이 걸린다. 그렇기 때문에 지루하다. 하지만 꼭 필요한 과정이기도 하다. 반면 게임은 누구나 하고 싶어 하는 흥미롭고 재미있는 활동이다. 꼭 필요한 것이 아님에도 불구하고 말이다. 그렇다면 학습에도 게임의 재미 요소를 적용하면 어떨까? 이것이 바로 게이미피케이션gamification 전략이다.

게이미피케이션

자발적 참여와 몰입을 이끌어 내는 게임의 재미 요소를 게임 이외의 분야에 적극적으로 활용하는 전략을 말한다. 오늘날 교육, 헬스케어, 환경 보호 등 다양한 분야에서 게이미피케이션이 활용되고 있다.

게이미피케이션은 학습 과정에 레벨 업, 보상, 도전, 경쟁 등 게임의 원리를 적용해 자발적 참여와 지속적인 동기 부여를 유도하는 방법이다. 실질적으로는 학습이 추구하는 목표를 성취하게 하지만 표면적으로는 재미를 추구한다. 예를 들어 공부를 '해야만 하는 일'에서 '하고 싶은 일'로 바꾸는 것이 교육 분야에서의 게이미피케이션이라고 할 수 있다.

이처럼 교육과 게임을 결합한 것을 '시리어스 게임Serious Game'이라고 부르기도 한다. 시리어스 게임에서 플레이어는 수동적으로 정보를 받아들이는 것이 아니라 문제 해결에 능동적으로 참여한다. 포인트나 배지, 성과 기록, 스토리텔링과 같은 게임 요소가 들어가 있어 학습에 대한 의지를 계속 높일 수 있기 때문이다. 대표적인 예로 〈마인크래프트〉의 교육용 에디션이 있다. 이곳에서 사용자는 게임을 통해 수학, 과학, 역사 등의 과목을 공부하거나 직접 가르칠 수도 있다. 실제로 학교에서 많이 사용된다.

게이미피케이션의 사례는 헬스케어 분야에서도 찾아볼 수 있다. 게임이 건강 관리, 운동 방법, 식단 등의 영역에서 동기를 부여하는 도구로 자리 잡은 것이다. '나이키 런 클럽'이 대표적인 성공 사례이다. 사용자는 이 앱을 스마트폰이나 스마트워치에 깔고 달리기만 하면 된다. 그러면 앱이 달린 시간과 거리를 자동으로 측정하고 경로와 위치, 심박수 등 다양한 정보를 기록한다. 지도 위에 달린 거리를 표시해 주는 기능은 운동 결과를 시각적으로 확인할 수 있다는 점에서 매우 효과적이다. 사용자가 뛴 거리에 따라서 기록 배지를 주거나 러닝 레벨을 매기기도 한다. 다른 사용자와 운동 기록을 서로 공유하면서 경쟁할 수 있기 때문에 운동 의지가 자연스레 샘솟게 된다.

교육과 헬스케어 분야 말고도 기업 교육, 환경 보호, 스트레스 관리, 금융 습관 형성 등에 게임의 원리를 적용해 사용자들의 참여와 몰입을 유도하는 사례가 늘어나고 있다. 특히 과학 기술이 발달하면서 그 활용 범위는 더욱 넓어지고 있다. 현실보다 더 현실 같은 경험과 맞춤형 콘텐츠를 제공할 수 있다는 장점 때문이다. 게이미피케이션이 단순한 보상 시스템을 넘어 사용자들의 행동 변화를 유도하는 도구로 자리 잡은 만큼, 앞으로 더 많은 영역에 다양한 방식으로 활용될 것은 불 보듯 뻔한 일이다.

운동 시간, 심박수 등의 정보를 기록해 주는 앱은 게이미피케이션의 사례이다.

재미있어서 성공한 캠페인

복잡한 규칙이나 점수 계산은 없지만 간단한 장치로 재미를 주어 자발적인 참여를 이끌어 성공을 거둔 캠페인이 있다. 재미 이론^{fun theory}이라는 이름을 붙인 두 가지 캠페인이다.

첫 번째 캠페인은 피아노 계단이다. 지하철로 내려가는 계단에 피아노 건반이 설치되어 있다. 검은건반과 흰건반이다. 계단을 따라 걸을 때마다 피아노 소리가 나고, 흥미를 느낀 사람들은 에스컬레이터를 타는 대신 계단을 이용한다. 소리를 내는 게 즐거운 몇몇 사람은 굳이 시간을 들여 계단을 오르락내리락하며 피아노를 연주하기도 한다.

두 번째 캠페인은 빈 병 수거함이다. 길거리에는 'Bottle Bank Arcade'라고 쓰인 초록색 기계가 있다. 이 거대한 기계에는 병을 집어넣을 수 있는 구멍이 6개 나 있고, 그 위에 불빛이 들어오는 전등이 설치되어 있다. 기계는 길을 지나가는 행인에게 나 좀 봐 달라는 듯이 오락기 소리를 내며 불을 번쩍인다. 한 청년이 모아온 빈 병을 가지고 이 기계 앞에 선다. 전등 6개에 하나씩 불이 들어오자 청년은 불이 켜진 전등 밑의 구멍에 빈 병을 넣는다. 마치 두더지 잡기 게임을 하는 것처럼 청년은 재빨리 빈 병을 넣고, 성공하면 점수가 올라간다.

이 두 캠페인은 모두 자동차 제조사인 폭스바겐에서 기획한 것이다. 친환경 엔진 기술을 선보이는 폭스바겐의 브랜드 이미지

우리나라 서울의 한 지하철에 있는 피아노 계단.

를 끌어올리고 '친환경 기술도 즐거움이 될 수 있다'라는 메시지를 전달하기 위해서였다. 폭스바겐은 간단한 문장으로 자신들의 메시지를 전달할 수 있었지만, 문장만으로는 사람들의 마음을 움직이는 데에 한계가 있다고 생각했다. 게다가 기억에 남지 않으면 입에서 입으로 전해질 수도 없다. 이에 폭스바겐은 재미 이론과 게이미피케이션에 주목했고, 사람들의 참여를 유도해 자신들이 원하는 메시지를 쉽게 전달할 수 있었다.

재미 이론과 게이미피케이션은 모두 재미 요소를 활용해 자발적 참여를 이끌어 낸다. 게이미피케이션은 여기서 한 걸음 더 나아간다. 사용자가 재미를 통해 자연스럽게 목표에 도달하도록 하는 것이다. 게이미피케이션은 플레이어의 동기를 자극하고 목표 달성에 집중하도록 게임 디자인, 플레이 방식, 스토리텔링 등 사용자 경험 디자인을 적용한다.

게이미피케이션 콘텐츠를 만들기 위해서는 사용자가 성취해야 하는 결과, 즉 목표를 분명하게 할 필요가 있다. 하지만 사용자가 쉽게 목표를 이루지 못하도록 하는 조건들도 함께 설계해야 한다. 무엇보다 사용자가 목표에 얼마나 다가갔는지를 알려주는 피드백 시스템이 필요하다. 점수, 레벨, 진행률 등 시스템은 사용자가 콘텐츠를 계속 이어 가도록 의욕을 불어넣는 형태여야 한다. 게임이 이렇게 설계되면 사용자는 어렵고 스트레스를 받더라도 재미를 느끼고 그 재미를 지속하고 싶다는 욕망에 따라 콘텐츠를 계속 사용할 것이다.

미래 산업의 중심에 선 게임

지금까지 다양한 분야에서 활용되고 있는 게임의 모습을 살펴보았다. 게임은 이제 우리 삶에서 빼놓을 수 없을 만큼 인기 있는 문화 산업이 되었다. 게임의 대중화는 일상에서 그 영역을 빠르게 넓히고 있다. 영화와 드라마, 그리고 웹콘텐츠들은 이미 게임을 통해 진화하고 있다. 그뿐만이 아니다. 사회, 경제, 정치, 교육, 의료 등 다양한 분야에서 게임이 융합되는 양상을 보이고 있다. 게임의 경쟁적인 성격, 몰입의 특성 등이 긍정적인 요소로 인정받았기 때문이다. 이런 실정이니 게임을 좋아하지 않더라도 지금 우리가 살고 있는 시대를 알기 위해서는 게임을 이해하고 게임의 영향력을 파악하는 것이 중요하다.

게임은 개인의 잠재력을 발견하고 역량을 키우는 데 직접적인 도움을 준다. 문제 해결 능력, 협동심, 전략적 사고, 리더십, 창의성 등 게임을 통해 키울 수 있는 역량은 무궁무진하다. 게다가 게임은 이제 단순한 취미를 넘어 일이 될 수 있다. 창의력과 기술을 활용하여 게임과 관련된 다양한 직업을 탐색하고 자신에게 맞는 진로를 찾는 일은 마치 게임에서 퀘스트를 수행하며 새로운 세상을 탐험하는 것과 같다. 게임 플레이를 통해 얻은 경험은 취업이나 창업에서 경쟁력을 높이는 데 도움이 된다. 게임 개발사, e스포츠 대회, 게임 방송사 등 게임 관련 회사들은 당연히 게임에 대한 이해도가 높은 인재를 선호한다. 반면 게임과 직접적인 관련이 없는 기업들도 게이미피케이션을 통한 서비스 기획·개발, 제품의 홍보·마케팅 활동을 하기 때문에 게임 경험이 있는 인재를 특별히 주목한다.

미래를 이끌어 갈 게임 산업의 중심에 청소년이 서 있기를 바란다. 게임이 단순한 유희 활동, 놀이 문화가 아니라 꿈을 이루어 주는 활동으로 바뀌어 갈 세상을 그려 본다. 그 세상에서 무작정 게임을 하지 말라고 말리는 부모는 더는 존재하지 않을 것이다.

게임 음악 지휘자

게임을 플레이할 때 배경에서 흘러나오는 음악은 게임에 더욱 몰입하게 도와준다. 오늘날 게임 음악은 오케스트라 공연장에서 연주되기도 한다. 클래식 음악처럼 실제 연주자들이 게임 음악을 연주하는 것이다. 그리고 이 연주를 이끄는 사람이 바로 게임 음악 지휘자이다. 게임 음악 지휘자는 게임 OST를 오케스트라나 밴드와 같은 구성으로 상연하는 전문가이다.

게임 음악 지휘자는 현장에서 공연할 때는 물론, 게임에 삽입할 음악을 녹음할 때도 주된 역할을 한다. 우선 게임 음악 녹음과 관련해서는 작곡가와 조율하여 게임 속 분위기에 맞는 음악을 만들기 위해 오케스트라 버전으로 새롭게 편곡한다. 오케스트라의 규모를 정하는 것도 지휘자가 할 일이다. 그리고 실제 녹음을 위한 연습을 이끌며 녹음을 진행한다. 오케스트라와 함께 공연을 기획하고 연출하기도 한다. 어떤 곡을 연주할지 선정하고 오케스트라 편곡을 조율하는 것이다. 연주자를 섭외하고 연습을 이끄는 것도 지휘자의 몫이다. 무엇보다 실제 콘서트에서 지휘를 하며 분위기를 조절한다. 때로는 게임 속 장면을 떠올릴 수 있도록 게임 영상을 상영하는 연출을 하기도 한다.

우리나라의 대표적인 게임 음악 지휘자로는 진솔을 꼽을 수 있다. 그는 클래식 음악을 전공했지만 어렸을 때부터 게임을 좋아해서 게임 음악에도 깊은 관심을 가지게 되었다고 한다. 클래식 공연을 지휘하는 것이 고전적인 옛 음악가들과 만나는 일이라면, 게임 음악을 지휘하는 일은 새로운 음악 장르를 개척하는 일이라고 그는 말한다.

게임 음악 지휘자뿐 아니라 게임 음악 작곡가나 편곡자가 되기위해서는 기본적으로 클래식을 비롯한 다양한 음악 이론을 공부하고 작곡과 편곡 능력, 기본적인 악기 연주 능력을 갖춰야 한다. 물론 게임에 대한 이해는 필수적이다. 게임 음악 지휘자가 되고 싶다면 직접 공연장을 찾아 어떤 식으로 음악이 연주되고 지휘되는지를 공부해 보는 것도 좋을 것이다.

진로 찾기 **게임 전문 기자**

게임을 플레이하고 그에 대해 이야기하는 것을 즐긴다면? 최신 게임에 대한 자신의 생각을 공유하거나 다른 사람들이 플레이할 게임을 결정하는 데 도움이 되는 리뷰를 작성하고 싶다면? 게임 개발에 얽힌 뒷이야기가 궁금하고 게임 창작자들을 만나 인터뷰를 해 보고 싶다면? 그렇다면 게임 전문 기자를 진로로 생각해 보는 것을 추천한다.

게임 전문 기자는 웹사이트, 신문, 잡지 등에 게임과 관련된 글을 쓰는 사람이다. 최근에는 미디어가 확장되면서 글이 아닌 영상으로 게임 소식을 전하는 기자들도 등장하고 있다. 그들은 유튜브나 SNS에 영상과 이미지로 게임 리뷰를 게시한다. 그렇기 때문에 목소리와 발음, 성량에도 신경을 써야 하고 디자인 실력도 필요하다. 하지만 기본적으로 논리적 글쓰기가 뒷받침되어야 한다. 그들은 새로운 게임이 출시되거나 게임 이벤트가 열리면 가장 먼저 경험해 보고 기사를 작성한다. 게임 개발에 얽힌 이야기, 유행, 게임 정책이나 산업과 관련된 새로운 정보도 작성한다. 이때 독자들이 메시지를 잘 이해할 수 있어야 하기 때문에 명확하고 설득력 있게 글을 쓸 줄 알아야 한다.

게임 전문 기자에게는 취재 능력도 필요하다. 훌륭한 기자는 단순히 정보를 정리하는 사람이 아니다. 최신 기술과 유행을 파악하기 위해 적극적으로 탐색하고, 게임 커뮤니티에서 벌어지는 특별한 사건들도 깊이 분석할 수 있어야 한다. 인터뷰를 할 때도 사전에 최대한 많은 정보를 검색하고 정리하여 좋은 답변을 얻을 수 있는 질문을 뽑아내야 한다. 인터뷰 태도와 자세에 대해서도 많은 고민이 필요하다. 이뿐만 아니라 비판적 사고와 공정성, 객관적 태도를 유지해야 한다. 자신의 취향이나 감정이 글에 반영되는 것은 위험하다.

게임 전문 기자가 되기 위해 특정한 학과를 전공해야 하는 것은 아니다. 하지만 국문학, 신문방송학, 미디어학, 문화콘텐츠학, 컴퓨터공학, 게임학 등을 전공한다면 큰 도움이 될 것이다.

게임은 단순한 놀이를 넘어 문화, 기술, 산업이 융합된 거대한 콘텐츠로 자리 잡으면서 그 영역을 넓혀 가고 있다. 그리고 그 중심에서 관련 정보를 전달하는 게임 전문 기자의 역할은 앞으로 더

욱 중요해질 것이다. 게임에 대한 열정과 탐구심이 있다면 게임 전
문 기자로서의 가능성은 무한하다.

직접 해보는 진로 찾기

하고 싶은 일을 하려면 무엇을 준비해야 할까?
관심 있는 직업을 직접 조사해 보자.

나의 관심사	
나의 성격	
좋아하는 공부	
내가 되고 싶은 직업	

이 직업이 하는 일	❶
	❷
	❸
	❹
	❺

내가 만든 게임이 레전드가 된다면

진출 분야	

필요한 능력	

해야 할 공부 및 활동	

관련 자격증	

이 직업의 롤 모델	

사진 출처

- 23쪽 Kenneth Lu / Flickr
- 29쪽 Windell Oskay / Flickr
- 40쪽 Asier03 / Wikimedia
- 76쪽 NCSOFT
- 89쪽 Tumisu / Pixabay
- 91쪽 Official GDC / Flickr
- 113쪽 Cassie Piper / Flickr
- 155쪽 ainudil / Wikimedia
- 158쪽 한국관광공사 / 한국관광콘텐츠랩
- 167쪽 ginomempin / Flickr

교과 연계

다른 인스타그램

뉴스레터 구독

내가 만든 게임이 레전드가 된다면
콘텐츠부터 플랫폼까지 게임 개발의 모든 것

초판 1쇄　2025년 6월 19일

지은이　이동은

펴낸이　김한청
기획편집　원경은 차언조 양선화 양희우 유자영
마케팅　정원식 이진범
디자인　이성아 황보유진
운영　설채린

펴낸곳 도서출판 다른
출판등록 2004년 9월 2일 제2013-000194호
주소 서울시 마포구 동교로27길 3-10 희경빌딩 4층
전화 02-3143-6478　**팩스** 02-3143-6479　**이메일** khc15968@hanmail.net
블로그 blog.naver.com/darun_pub **인스타그램** @darunpublishers

ISBN 979-11-5633-695-2 44000
ISBN 979-11-5633-250-3 (세트)

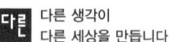

다른 생각이
다른 세상을 만듭니다